TITANIC
IST JETZT HIER:
MEERES GRUND

W0179825

TITANIC
IST JETZT HIER:
MEERES GRUND

JAN ANDERSON
UND CHRISTIAN KOCH

INHALT

Wissenschaft

 Klimawandel hat eine Veranstaltung erstellt. 1995 · 🌐

Teilnehmen

Globale Erwärmung 7.200.000.000 nehmen teil

👍 Nivea Sun gefällt das · Kommentieren · Teilen

Literatur

 Romeo und **Julia** haben ihren Beziehungsstatus geändert: **Es ist kompliziert.** 1597 v. Chr. · 🌐

👍 William Shakespeare gefällt das · Kommentieren · Teilen

Erfindungen

 **Taschenmesser** ist jetzt mit **Schere, Feile, Korkenzieher** und **24 anderen** befreundet. 1961 · 👥

Gefällt mir · Kommentieren · Teilen

Profilseiten

„Imagine all the people, sharing all the world."

John Lennon

Am Anfang war ... Facebook. Dann erst kam das Licht oder auch der Urknall, eventuell auch Gevatter Zufall oder schlicht die Evolution. Das ist zwar wilde Fantasie, aber stellt euch einfach mal vor, es hätte Facebook tatsächlich von Anbeginn aller Zeiten gegeben. Ist das nicht ein wunderbarer Gedanke? Die ganze Welt vernetzt, Freunde bis zum Abwinken, Posts, Kommentare und Likes von Adam und Eva bis Justin Bieber und Selena Gomez ...

Wie kommentiert Bob der Baumeister die Komposition „Die Kunst der Fuge" von Johann Sebastian Bach? Wie viele Likes erhält Zorro für den Entwurf einer schwarzen Maske und was schreibt John Lennon den Rolling Stones in die Chronik als Kommentar zu deren Profilfotos? All das und 1.624 weitere Posts und Kommentare lest ihr in diesem Buch. Kommt mit auf eine großartige Reise durch die Geschichte der Menschheit!

Übrigens, um eines klarzustellen: Wir lieben Facebook. Es ist die beste Erfindung seit dem Wackeldackel. Und: Wir alle sollten Facebook dankbar sein. Es macht uns zu besseren, interessanteren, cooleren, hübscheren, schlaueren Menschen. Aus mitteilen wird teilen. Aus Bekannten werden Freunde. Aus Verabredungen Veranstaltungen. Aus einem verkackten, langweiligen Scheißleben eine geile Timeline. Toll! Und jetzt lest weiter! Ihr werdet wohl für zwei Stunden mal offline sein können. Und falls was passiert, melden wir uns sofort. Wir wissen ja, wo ihr seid.

Keulen, Kinnhaken und Kanonen

Die Geschichte der

Haudegen und Eroberer

Ach ja, die Jungs. Ob es am Testosteron liegt oder schlicht eine genetische Vorbedingung ist: Männer wollen erobern. Der eine erobert die Herzen der Frauen, der andere erobert lieber ein paar Länder und ein dritter – will gar nichts erobern, sondern dem anderen einfach nur zeigen, wie stark er ist. „Seht mal, ich bin der Stärkste!", lautet die Botschaft. Und jedes Mittel ist recht, sie zu untermauern. Ob Steinzeitmann, Julius Cäsar oder Google: Der Stärkere gewinnt. Weil der Klügere nachgibt.

Manchmal wird aber auch der Klügere, der *erst mal* nachgibt, zum Stärkeren, weil er rechts überholt. Das nennt man dann Strategie oder Kriegsführung. Die alten Japaner kannten sich hier bestens aus und hielten schon 500 Jahre vor Christus wichtige strategische Tricks in ihrer *Bingfa* (zu Deutsch: „Über die Kriegskunst") fest, die heute noch in jeder guten Ehe, bei der Karriereplanung oder der „Befriedung" ferner Länder angewendet wird. So empfiehlt die Bingfa beispielsweise, „den Tiger vom Berg in die Ebene zu locken", „das Brennholz heimlich unter dem Kessel wegzunehmen" und „die Akazie zu schelten, aber dabei auf den Maulbeerbaum zu zeigen". Auch Chuck Norris, Napoleon Bonaparte und George Bush senior folgten diesen Regeln. Wohl eher intuitiv als in Kenntnis der japanischen Strategeme. Und das ist es, was alle großen Haudegen und Eroberer vereint: eine starke Intuition, ein unbändiges Selbstvertrauen und ein Gestaltungsdrang, der die Wände wackeln lässt. Leider ist noch kein Kraut dagegen gewachsen, sodass auch heute noch Kinnhaken ausgeteilt, Kriege geführt, Länder und Märkte erobert werden, schlicht um zu zeigen: „Seht mal, ich bin der Stärkste!"

Doch es gibt Hoffnung – und damit ist nicht die Frauenquote in Aufsichtsräten gemeint. Wie wäre es, wenn man das Erobern von der kriegerischen Ebene auf die Ebene der Liebe und Freundschaft verlagern würde? „Küsschen statt Kanonenkugeln" lautet das neue Motto und Likes sind die Munition. Mark Zuckerberg hat es uns vorgemacht, der Facebookdaumen ist das neue Peacezeichen: Lasst uns alle Freunde sein – nicht derjenige sollte sich am stärksten fühlen, der über die meisten nuklearen Sprengköpfe verfügt, sondern der, der am meisten Freunde bei Facebook hat.

Makedonisches Heer ▶ **Alexander der Große** 327 v. Chr. · 🌐
Langsam reichts. Wir brauchen mal Urlaub.

Gefällt mir · Kommentieren · Teilen

Alexander der Große Männer! Nur noch einen Kontinent!
326 v. Chr. · 🌐

Gefällt mir · Kommentieren · Teilen

Inder Wolle Rose kaufe?
326 v. Chr. · 👍 Apu gefällt das.

Alexander der Große Nee, lass mal, sind nur auf der
Durchreise.Wir brauchen dringend Nahrungsmittel für unsere
Leute. Kriegen wir 20.000 von diesen Brotfladen?
326 v. Chr. · Gefällt mir

Inder Mit scharf?
326 v. Chr. · Gefällt mir

Alexander der Große Jetzt noch ein paar Städte gründen und
dann ab nach Hause. 326 v. Chr. · 🌐

Gefällt mir · Kommentieren · Teilen

Alexander der Große ist jetzt hier: **Alexandria.** 326 v. Chr. · 🌐

Gefällt mir · Kommentieren · Teilen

 Alexander der Große ist jetzt hier: **Alexandria.** 325 v. Chr. · 🌐

Gefällt mir · Kommentieren · Teilen

 Alexander der Große ist jetzt hier: **Alexandria.** 325 v. Chr. · 🌐

Gefällt mir · Kommentieren · Teilen

 **Alexander der Große** ist jetzt hier: **Alexandria.** 324 v. Chr. · 🌐

Gefällt mir · Kommentieren · Teilen

Makedonisches Heer Tolle Stadtnamen. Einer besser als der andere. Und so originell.
324 v. Chr. · Gefällt mir

 Julius Cäsar ist jetzt hier: **Ägypten.** 40 v. Chr. · 🌐

Gefällt mir · Kommentieren · Teilen

 Julius Cäsar Boooaahh, ich brauch auch dringend ein Bad. Die Hitze ist ja MÖRDERISCH.
40 v. Chr. · 👍 Brutus gefällt das.

 Julius Cäsar ist jetzt in einer Beziehung mit **Kleopatra.**
40 v. Chr. · 🌐

Gefällt mir · Kommentieren · Teilen

 **Kleopatra** Schatzi, bringst du vom Markt noch ein paar Otternasen mit?
40 v. Chr. · 👍 Brian gefällt das.

 Julius Cäsar Ich bin der Herrscher der bekannten Welt, der Schlächter der Gallier, der größte Feldherr aller Zeiten. Ich kauf doch keine Otternasen.
40 v. Chr. · Gefällt mir

 **Kleopatra** hat ihren Beziehungsstatus geändert in: **Es ist kompliziert.** 40 v. Chr. · 🌐

👍 Marc Antonius gefällt das · Kommentieren · Teilen

Merlin Wer dieses Schwert aus dem Stein zu ziehen vermag, ist der rechtmäßige König Britanniens. 420 ·

Gefällt mir · Kommentieren · Teilen

 Lancelot Arrgggggggggghhhhh. Neee, Leute. Steckt fest.
420 · Gefällt mir

 Parzival Lass mich mal ran. Das muss doch ... Puuuuh.
420 · Gefällt mir

 Artus Endlich macht sich die Muckibude mal bezahlt. Und eins und zwei uuuuuuuuuuuuund drei!
420 · Gefällt mir

 Artus Das ging einfach. Krieg ich jetzt ne Krone?
420 · Gefällt mir

Empfehlener Beitrag   Gesponsert · Bearbeitet ·

 Seite gefällt mir

Heute ein König!

Gefällt mir · Kommentieren · Teilen

König Artus hat eine neue Gruppe erstellt.
420 · 🌐

| Gruppe beitreten |

Tafelrunde

Ort: Camelot
Zeit: 420 n. Chr. Five o'clock
Thema: 1. Gründung eines Festausschusses für die Sommerturniere
           2. Zustand der hinteren Zugbrücke
           3. Suche nach dem Heiligen Gral

Ivanhoe und **15 andere** sind der Tafelrunde beigetreten.

Gefällt mir · Kommentieren · Teilen

Lancelot Ich kömme, gibt es Knabberkram?
420 · Gefällt mir

König Artus Nur arme Ritter.
420 · Gefällt mir

Parzival Und worum genau gehts bei diesem Heiligen Gral?
420 · Gefällt mir

König Artus Ach, das ist so eine Saufgeschichte.
420 · 👍 **Indiana Jones** und **Dan Brown** gefällt das.

Heiliger Gral Ihr findet mich nie!
1995 · Gefällt mir

Siegfried Yeah, habe gerade wieder einen Drachen kaltgemacht! Danach voll im Drachenblut abgeplanscht, dass die Linde rauscht! 436 · 🌐

👍 **Richard Wagner** gefällt das · Kommentieren · Teilen

Kriemhild Hihi, hab dich gesehen: Der Anblick war nice. Nur leider alles voller Blut, bis auf eine Stelle auf deinem Rücken ...
436 · Gefällt mir

 Hagen von Tronje Interessant ...
436 · Gefällt mir

 Rollo der Wikinger Der Sauladen hier ist mir zu ruhig, wir ziehen hier bloß noch Frauen durch. 980 · 🌐

👍 Torfrock gefällt das · Kommentieren

 Einar der Wikinger Beim Odin!
980 · Gefällt mir

 Erik der Rote In der Regel haben die Wikinger rote Bärte!
980 · Gefällt mir

 Ragnar Huaaaaaahuaaaha! LOL! Was bedeutet ne Frau mit rotem Haar? Rostiges Dach, feuchte Hütte.
980 · Gefällt mir

 Renate Ihr mit euren frauenfeindlichen Witzen. Seht lieber zu, dass ihr mal wieder nen ordentlichen Raubzug macht.
980 · 👍 Emanzipation, Alice Schwarzer und Adular Zech gefällt das.

 Rollo der Wikinger Beim Thor – recht hat sie! Walhall, wir kommen, packt den Met ein und setzt die Segel!
980 · Gefällt mir

 Leif Eriksson Wir haben ein neues Land entdeckt. Leider ist hier keiner zum Verkloppen. Aber schön warm ... 1000 · 🌐

Gefällt mir · Kommentieren · Teilen

 Der blonde Knut Na, dann lasst uns lieber wieder abhauen, bevor uns der Met ausgeht.
1000 · Gefällt mir

Nordamerikanische Ureinwohner Uff, Glück gehabt! Jetzt können wir ungestört in Frieden und im Einklang mit der Natur weiterleben.
1000 · Gefällt mir

Renate Rollo, schick zur Sicherheit mal die Koordinaten rüber von da, wo ihr eben gewesen seid!
1000 · Gefällt mir

Rollo der Wikinger Keine Peilung, beim Odin, wir sind vom Met schon reichlich high ...
1000 · Gefällt mir

Christoph Kolumbus *händereib*
1480 · Gefällt mir

Robin Hood hat eine Veranstaltung erstellt. 1188 · 🌐

 Teilnehmen

Raubzüge im Sherwood Forest
Bruder Tuck und Ein wilder Haufen Gesetzloser nehmen teil.

Gefällt mir · Kommentieren · Teilen

Die Armen Juhu. Wir sind jetzt reich!!!
1188 · Gefällt mir

Die Reichen Fuck. Wir sind jetzt arm!!!
1188 · Gefällt mir

Robin Hood Au Backe, das wird komplizierter, als ich dachte.
1188 · Gefällt mir

Robin Hood hat die Veranstaltung **Raubzüge im Sherwood Forest** in **Ausgewogene materielle Umverteilung unter Berücksichtigung einkommenssteuerlicher Progression** umbenannt. 1188 · 🌐

👍 **Mittelschicht** gefällt das · Kommentieren · Teilen

 Finanzamt Das ist alles märchensteuerpflichtig.
2010 · Gefällt mir

 Wilhelm Tell No Pasaran, Genosse! Komm in die Schweiz – die Steueroase für Freiheitskämpfer.
1307 · Gefällt mir

 Uli Hoeneß Na ja ...
2014 · Gefällt mir

 Richard Löwenherz An alle Ungläubigen: Wir kommen jetzt zum Kreuzzugsgemetzel! 1189 · 🌐

👍 **Torfrock** gefällt das · Kommentieren · Teilen

 Jehova Wir können keine Zeugen gebrauchen!
1189 · Gefällt mir

 Dschingis Khan hat eine Veranstaltung erstellt. 1223 · 🌐

 Teilnehmen

Feldzug nach Westen 256.567 nehmen teil.

Gefällt mir · Kommentieren · Teilen

Dschingis Khan Tapetenwechsel. Die Chinesen sehen für mich irgendwie alle gleich aus. Wir checken mal in Europa ein!
1223 · Gefällt mir

 Russland Auweia, jetzt gibts auffe Fresse!
1223 · Gefällt mir

 Dschingis Khan Auf, Brüder! Sauft, Brüder! Rauft, Brüder! Immer wieder! Lasst noch Wodka holen – ho, ho, ho, denn wir sind Mongolen – ha, ha, ha, und der Teufel kriegt uns früh genug!
1223 · Gefällt mir

 Russland Moskau, Moskau, wirf die Gläser an die Wand, Russland ist ein schönes Land, hohohohoho, hey!
1223 · 👍 Wladimir Putin gefällt das.

 König von Spanien Caramba, Amigos, uns gehen hier langsam die Peseten aus. 1511 · 🌐

Gefällt mir · Kommentieren · Teilen

 Mittelamerikanische Ureinwohner Peseten? Nie gehört. Na ja, geht uns ja auch nichts an.
1511 · Gefällt mir

 Konquistadoren Abwarten, Freunde, abwarten 😜
1511 · Gefällt mir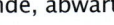

 Cortés Hab mal eben hochgerechnet: Wir könnten uns hier in Mexiko so um die 35 Millionen Peseten in Gold klarmachen. Wie viele Schiffe könnt ihr schicken?
1511 · Gefällt mir

Cortés: Mexiko rockt! 1519 · 🌐

👍 **Dagobert Duck** gefällt das · Kommentieren · Teilen

Inkas Moment mal, das Gold gehört uns!!
1519 · Gefällt mir

Azteken Wir brauchen das für unsere Götter!!!!
1519 · Gefällt mir

Gott Ihr sollt keine anderen Götter neben mir haben!!!!!!!!!!!!
1519 · 👍 **Gott** gefällt das.

Alan Greenspan In GOLD we trust, all others pay cash!
2002 · Gefällt mir

Konquistadoren sind jetzt hier: **Tlaxcala.** 1519 · 🌐

👍 **Itchy und Scratchy** und **Norman Bates** gefällt das.

Konquistadoren sind jetzt hier: **Cholula.** 1519 · 🌐

👍 **Königin von Spanien** gefällt das.

Elisabeth I. Die Spanier rauben Mittelamerika aus, rauben sie nicht? 1558 · 🌐

Gefällt mir · Kommentieren · Teilen

Englischer Landadel In der Tat, Mylady, in der Tat. Und wir gehen leer aus, gehen wir nicht?
1558 · Gefällt mir

Konquistadoren El que madruga, come pechuga! (Wer morgens früh aufsteht, isst Hühnchenbrust!)
1558 · Gefällt mir

PeTA Iiigitt!
2013 · Gefällt mir

Die Dolmetscherin Die Konquistadoren zitieren hier ein mittelamerikanisches Sprichwort, das dem deutschen „Der frühe Vogel fängt den Wurm" entspricht.
2005 · Gefällt mir

Francis Drake Meine Königin, wir müssen reden. Ich hab eine Idee, wie auch wir vom Gold Amerikas profitieren könnten ...
1564 · Gefällt mir

Francis Drake: Wir sind reich! Haben gerade eine spanische Galeone mit Kisten voll Gold gekapert! Lang lebe die Königin!
1570 · 🌐

👍 Störtebeker gefällt das · Kommentieren · Teilen

St.-Pauli-Fans Gute Arbeit. You'll never walk alone!
2007 · Gefällt mir

König von Spanien Piraterie ist Diebstahl!
1570 · Gefällt mir

Jack Sparrow Na, na, na ...
2005 · Gefällt mir

D'Artagnan hat **Fechten** zu seinen Interessen hinzugefügt.
1640 · 👥

D'Artagnan ist jetzt mit **Athos, Porthos** und **Aramis** befreundet. 1640 ·

Gefällt mir · Kommentieren · Teilen

 Die drei Musketiere haben eine Veranstaltung erstellt. 1640 · 🌐

 📅 Teilnehmen

Einer für alle, alle für einen 4 Personen nehmen teil.

Gefällt mir · Kommentieren · Teilen

 D'Artagnan Es lebe der König!
1640 · Gefällt mir

 Kardinal Richelieu Einer für alle, alles für mich.
1640 · Gefällt mir

 Adam Smith Wenn jeder an sich selbst denkt, ist an alle gedacht.
1776 · Gefällt mir

 Colt Seavers Kleiner Tipp: Ich würd nen Colt einstecken, für alle Fälle. Die Kittel auf dem Foto sehen übrigens klasse aus – geile Farbe!
1986 · Gefällt mir

 Gerald Asamoah Ich hab auch so einen Kittel. Königsblau, im Revier, unser S04!
2004 · Gefällt mir

Französische Revolution hat eine Veranstaltung erstellt.
Liberté, Egalité, Fraternité. 1789 · 👥

Gefällt mir · Kommentieren · Teilen

Angelo Liberté oder lieber Kaffee?
1789 · Gefällt mir

Britischer Landadel Lieber Tee. Wie weit seid ihr denn nun mit eurer Revolution da drüben?
1789 · Gefällt mir

Guillotine Läuft wie geschmiert
1789 · Gefällt mir

Napoleon Ich bin der Größte! 2. Dezember 1804 · 🌐

Gefällt mir · Kommentieren · Teilen

Großbritannien WTF?!
1804 · Gefällt mir

Goliath Ich weiß nicht ...
1804 · Gefällt mir

David Die Größe hat nichts mit der Länge zu tun.
1804 · Gefällt mir

Dolly Buster Wer's glaubt ...
1995 · Gefällt mir

Napoleon Männer, Soldaten, Franzosen! Auf gehts nach Osten, jetzt wollen wir den Russen mal zeigen, wo der Frosch die Locken trägt! 1812 ·

👍 **England** gefällt das · Kommentieren · Teilen

 Russland Und jetzt alle: Schneeflöckchen, Weißröckchen, wann kommst du geschneit …
1812 · Gefällt mir

 Napoleon Soll mich dieses Kinderlied etwa einschüchtern?
1812 · Gefällt mir

 Französischer Soldat Mon Dieu, wir haben uns definitiv die falsche Jahreszeit ausgesucht! Ach, wenn jetzt Sommer wär …
1812 ·

👍 **Pohlmann** und **Jack Johnson** gefällt das · Kommentieren · Teilen

---

 **Napoleon** ist jetzt hier: **Elba.** 1814 ·

👍 **Französischer König** und **Europa** gefällt das · Kommentieren · Teilen

 Napoleon Ist zwar wärmer als vor Moskau, aber richtig viel los ist hier nicht, Leute. Laaaaaangweilig …
1814 · Gefällt mir

Napoleon Ich bin wieder hier. Paris, 1815 · 🌐

👍 Marius Müller-Westernhagen gefällt das · Kommentieren · Teilen

Französischer König Ich bin dann mal weg.
1815 · 👍 Hape Kerkeling gefällt das.

Französisches Heer hat eine Veranstaltung erstellt.
1815 · 🌐

📅 Teilnehmen

Schlacht bei Waterloo 235.800 Personen nehmen teil.

👍 Abba gefällt das · Kommentieren · Teilen

Britische Admiralität Kommt, Jungs, wir schmieren uns ein paar Brote und torkeln in die Boote!
1815 · Gefällt mir

Hooligans Jetzt gehts los, jetzt gehts los!!!
1999 · Gefällt mir

Einfacher Bauer Och, Leute, immer diese Kriege und Schlachten – das geht jetzt schon seit Jahren so. Für uns einfache Bürger ist das ganz schön belastend! 1815 · 🌐

Gefällt mir · Kommentieren · Teilen

Otto Normalverbraucher Genau. Am Ende muss immer der kleine Mann bezahlen.
1815 · Gefällt mir

 Napoleon Ich zahl hier gar nix!
1815 · Gefällt mir

 Lieschen Müller Immer wird alles auf unseren Schultern ausgetragen. Ich bins jetzt echt mal leid!
1815 · Gefällt mir

 Max Mustermann Mir geht das auch auf den Senkel. Und in den Geschichtsbüchern werden dann nachher immer nur die großen Feldherren erwähnt. An den einfachen Soldaten und die Zivilbevölkerung denkt am Ende keiner mehr!
1815 · Gefällt mir

 ADAC Wir Autofahrer sind doch die Melkkühe der Nation!
2013 · Gefällt mir

 Zorro hat **Masken** zu seinen Interessen hinzugefügt.
1820 · 👥

👍 Batman und Cro gefällt das · Kommentieren · Teilen

 Elena de la Vega Sieht irgendwie albern aus ...
1820 · Gefällt mir

 Panzerknacker Also ich finds hübsch!
1938 · Gefällt mir

 Kolonialherr von Mexiko Madre mia, ein maskierter hijo de puta hat mich überfallen und mir mit seinem Degen ein „Z" auf den Bauch geritzt. Jetzt ist alles voller Blut! 1820 · 🌐

👍 Mexikanische Bevölkerung und Die glorreichen Sieben gefällt das.

 Mexikanische Bevölkerung Hurra, das war Zorro!!
1820 · Gefällt mir

Kolonialherr von Mexiko Ich zahle 1.000 Pesos für den, der mir diesen Zorro bringt, tot oder lebendig! Und 10 Pesos für den, der mir sagt, wie ich meine Uniform wieder sauber kriege.

1820 · Gefällt mir

Desperate Housewives Wenn Blut oder anderes Eiweißhaltiges auf der Wäsche ist, weichen wir die Sachen immer über Nacht in Bleichmittel ein und waschen sie dann am nächsten Tag bei 90 Grad.

2004 · Gefällt mir

Old Shatterhand ist jetzt mit **Winnetou** befreundet. 1860 · 🌐

👍 **Pierre Brice** gefällt das · Kommentieren · Teilen

Winnetou hat sein Profilbild geändert. 1860 · 🌐

Gefällt mir · Kommentieren · Teilen

Vereinigte Staaten von Amerika haben ihren Beziehungsstatus geändert in: **Getrennt.** 1861 · 🌐

👍 **Sklaverei** gefällt das· Kommentieren · Teilen

McDonald's: Oh ja, ein Burger–Krieg!

1975 · 👍 **Veganer** gefällt das.

Burger King So weit wollen wirs mal nicht kommen lassen.

1975 · Gefällt mir

Der mit dem Wolf tanzt ist jetzt mit **Wolf** befreundet.
1861 · 🌐

👍 Micky Maus und Pluto, Mogli und Balu gefällt das.

Österreich ist jetzt mit **Ungarn** befreundet.
1867 · 🌐

👍 Sissi gefällt das · Kommentieren · Teilen

Henry McCarty hat seinen Profilnamen in **Billy the Kid** geändert. 1868 · 🌐

Gefällt mir · Kommentieren · Teilen

Farmer Junge, pack die Pistole weg, du bist noch ein Kind. Hey, ich hab gesagt: Nimm die Waffe runter!
1868 · Gefällt mir

Billy the Kid PENG!
1868 · Gefällt mir

Billy the Kid Geile Teile! 1869 · 🌐

👍 George W. Bush gefällt das · Kommentieren · Teilen

Mama Kid Komm, Billy, gib die Pistolen zurück. Ich mach dir auch Pancake mit Ahornsirup.
1869 · Gefällt mir

Billy the Kid Keine Sorge, Mama, du weißt doch: Jeder Amerikaner hat das Recht, eine Waffe zu tragen. Ich baller hier nur ein bisschen rum, um sechs komm ich rein, Abendessen.
1869 · Gefällt mir

Amerikanische Waffenlobby Recht so!
1995 · 👍 Ballermann gefällt das.

 Michael Moore Ihr habt doch alle den Schuss nicht gehört!
2002 · Gefällt mir

 US-Marschall hat einen Link geteilt. 1881 · 🌐

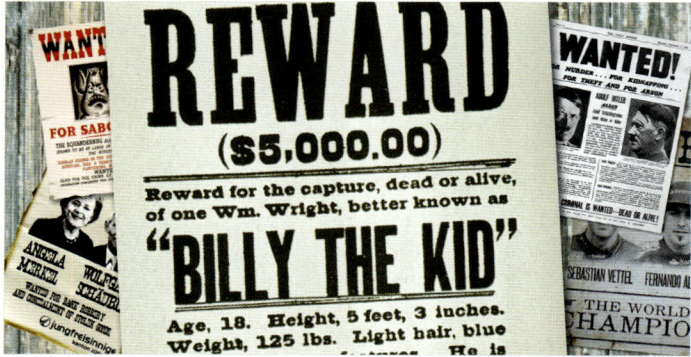

Gesucht. Tot oder lebendig. 5.000 Dollar Belohnung.
1881

Gefällt mir · Kommentieren · Teilen

 Sheriff Pat Garrett Kid, wir sollten mal unter vier Augen reden. Hab ne Idee, wie wir dich vorm Galgen retten können.
1881 · Gefällt mir.

 Billy the Kid Lass hören, Alter. Aber wehe, du lügst mich an, dann mach ich dich kalt.
1881 · Gefällt mir

 Sheriff Pat Garrett Ich tu einfach so, als würd ich dich umlegen. Und du tauchst unter und führst woanders unter anderem Namen ein friedliches Leben.
1881 · Gefällt mir

 A. H. Keine schlechte Idee.
1945 · Gefällt mir

 Jim Morrison LOL
1971 · Gefällt mir

 Elvis Presley ;-)
1977 · Gefällt mir

Satsuma-Rebellion: Samurai kämpfen gegen kaiserliche Truppen
1877 NEW YORK TIMES

Gefällt mir · Kommentieren · Teilen

 Nathan Algren Ey, Katsumoto, warum nennst du dich eigentlich „der letzte Samurai"?
1877 · Gefällt mir.

 Moritsugu Katsumoto Ich hab da so ein Gefühl ...
1877 · Gefällt mir.

 Mohikaner Das Gefühl kenn ich!
1877 · Gefällt mir

 Blinder Nationalismus hat eine Veranstaltung erstellt: **1. Weltkrieg.** 1914 ·

Gefällt mir · Kommentieren · Teilen

 Weltgemeinschaft Was heißt denn hier 1. Weltkrieg? Wie viele sind denn da noch in Planung?
1914 · Gefällt mir

 Blinder Nationalismus Nun mal nicht so ungeduldig. Einer nach dem anderen.
1914 · Gefällt mir

 Eurovision Song Contest Krieg hat echt sooooo einen Bart. Singt lieber gegeneinander!
2002 · 👍 Stefan Raab und Dieter Bohlen gefällt das.

Deutschland hat **Nationalsozialismus, Rassismus, Antisemitismus, Militarismus, Imperialismus** und **2. Weltkrieg** zu seinen Interessen hinzugefügt. 1933 · 👥

👎 **5 Milliarden** gefällt das überhaupt nicht · Kommentieren · Teilen

Schweiz Klingt nach Ärger. Wir bleiben mal lieber neutral.
1939 · 👍 **pH-Wert** gefällt das.

Adolf Hitler Hat mal jemand Feuer? 30.4.1945 · 🌐

Gefällt mir · Kommentieren · Teilen

Deutschland hat **Demokratie, Toleranz, Freiheit, Marktwirtschaft und Völkerfreundschaft** zu seinen Interessen hinzugefügt. 1945 · 👥

👍 **5 Milliarden** gefällt das wirklich sehr · Kommentieren · Teilen

Schweiz Braucht ihr neue Bankkonten? Unsere Banken sind alle noch heil.
1945 · 👍 **Nazigold** gefällt das.

Weltgemeinschaft Das war nun aber wirklich der letzte Weltkrieg. Jetzt gehen alle schön nach Hause und machen sich einen heißen Beruhigungstee. 1945 · 🌐

Gefällt mir · Kommentieren · Teilen

Kalter Krieg Oder was Kaltes?
1952 · Gefällt mir

Nie mand hat vor eine Mauer zu bauen.
1952 · Gefällt mir

Walter Ulbricht Eyo, das ist mein Spruch!
1956 · Gefällt mir

Das Weiße Haus hat einen Link geteilt. 1962 · 🌐

Sowjetunion schickt Atomraketen nach Kuba
USA boykottieren kubanische Waren mit Seeblockade

1962 NEW YORK TIMES

Gefällt mir · Kommentieren · Teilen

John F. Kennedy Wo bleiben meine Havannas, ich will rauchen!
1962 · 👍 Helmut Schmidt gefällt das.

Jackie Kennedy Das war die letzte! Aus Kuba kommt mir nix
mehr ins Haus. Hier werden ja noch die Tapeten gelb. Und
könntest du, verdammt noch mal, endlich aus dem Macho-
Modus zurückschalten und mit Chruschtschow vernünftig über
diese Raketensache reden? Sonst schläfst du demnächst auf
dem Klappsofa im Oval Office.
1998 · 👍 Monica Lewinsky gefällt das.

John F. Kennedy hat **Nikotinpflaster** und **Diplomatie** zu
seinen Interessen hinzugefügt. 1962 · 👥

Gefällt mir · Kommentieren · Teilen

Richard Nixon Was soll denn das nun wieder mit der
„Diplomatie"? Das wird doch ein Schuss in den Ofen.
1962 · Gefällt mir

John F. Kennedy Mr. Nixon, sowohl Atomwaffen als auch Zigarren können gesundheitsschädlich sein!
1962 · Gefällt mir

 Richard Nixon Sie haben ja recht. Die Welt ist voller Gefahren. Als Präsident müssten Sie das am besten wissen ...
1962 · Gefällt mir

Empfohlener Beitrag   Gesponsert · Bearbeitet ·

👍 Seite gefällt mir

Für Promis und Politiker: Gepanzerte Dienstwagen (Euro 4)

Gefällt mir · Kommentieren · Teilen

 US-Armee ist jetzt hier: **Korea.** 1951 · 🌐

Gefällt mir · Kommentieren · Teilen

 US-Armee Scheiße, war echt ne blöde Idee, in ein Land mit fremder Kultur, unbekannten Sitten und komischen Bräuchen einzumarschieren. Wir hauen lieber wieder ab.
1951 · Gefällt mir

US-Armee ist jetzt hier: **Vietnam.** 1972 · 🌐

Gefällt mir · Kommentieren · Teilen

 US-Armee Scheiße, war echt ne blöde Idee, in ein Land mit fremder Kultur, unbekannten Sitten und komischen Bräuchen einzumarschieren. Wir hauen lieber wieder ab.
1972 · Gefällt mir

 US-Armee ist jetzt hier: **Somalia.** 1993 · 🌐

Gefällt mir · Kommentieren · Teilen

 US-Armee Scheiße, war echt ne blöde Idee, in ein Land mit fremder Kultur, unbekannten Sitten und komischen Bräuchen einzumarschieren. Wir hauen lieber wieder ab.
1993 · Gefällt mir

 US-Armee: Hmmmmm. Ein Land mit fremder Kultur, unbekannten Sitten und komischen Bräuchen. Sollen wir da mal einmarschieren? 2001 · 🌐

Gefällt mir · Kommentieren · Teilen

Österreich Meint ihr etwa uns?
2001 · Gefällt mir

US-Armee Nein, Mann, Afghanistan!
2001 · Gefällt mir

Google hat **Suchen** zu seinen Interessen hinzugefügt.
2001 · 👥

Gefällt mir · Kommentieren · Teilen

Internetnutzer Was suchst du denn so?
2001 · Gefällt mir

Google Einen Weg, die weltweite Herrschaft über die Daten der Menschheit zu erlangen!
2001 · Gefällt mir

Internetnutzer Ach so, und ich dachte schon, es wär was Wichtiges. By the way: Hast du lustige Videos über Katzen zum Totlachen parat??
2001 · Gefällt mir

Google Ich glaube, das ist der Beginn einer wunderbaren Freundschaft!
2001 · 👍 Facebook gefällt das.

Facebook hat **Freundschaften** zu seinen Interessen hinzugefügt. 2004 · 👥

Gefällt mir · Kommentieren · Teilen

Osama bin Laden WIR KAUFEN NICHTS AN DER HAUSTÜR!!!
1.5.2011 · 👥

Gefällt mir · Kommentieren · Teilen

Navy Seals WIR **VER**KAUFEN AUCH NICHTS!!!
1.5.2011 · Gefällt mir

Bundesliga, Besenkammer und Boliden

Die Geschichte des Sports

ch grüße meine Mama, meinen Papa und ganz besonders meine Eltern." Kein Zweifel, liebevoller kann ein Siebenjähriger seine Eltern
nicht mit einem Grußwort bedenken. In diesem Fall stammt das Zi-
tat von Mario Basler – damals volljähriger Mittelfeldphilosoph bei Wer-
der Bremen. Die verbalen Blutgrätschen von Fußballern sind legendär
und nähren gleichwohl einen schlimmen Verdacht: Sportler sind nicht
immer die hellsten Kerzen auf der Torte. Die Beweisführung ist relativ
leicht. Einfach mal „Sportlerzitate" googeln und „Wir müssen gewinnen,
alles andere ist primär!" finden.

Spannend wird es da, wo die Wissenschaft Gründe für die übersichtli-
che Intelligenz von Sportlern zu finden sucht. Zwangsläufig ergeben sich
zwei Möglichkeiten. Erstens: Wer dumm ist, macht Sport. Zweitens: Wer
Sport macht, wird dumm. Wichtige Hinweise lieferte jüngst ein schwe-
discher Biologe der Universität Göteborg. Er ließ Ratten in Laufrädern
laufen und beobachtete die Entwicklung ihrer neuronalen Stammzellen.
Erstaunlich: Die Ratten, die sich 24 Tage lang im Laufrad abgerackert
hatten, besaßen nur noch halb so viele Stammzellen wie ihre unsport-
lichen Kollegen. Kurz gesagt: Für Sport gilt das Gleiche wie für den
Alkoholgenuss – in Maßen sinnvoll, der Exzess geht auf die Birne. Die
Joggingrunde im Stadtpark: o.k. Ein einbeinig gehinkter Dreifach-Ultra-
marathon durch die Mojavewüste: besser nicht.

Ein Trost bleibt den meisten Sportlern: Auch wer dumm ist wie ein Scheu-
nentor, kann trotzdem gut aussehen. Im Regelfall bewegen sich Sportler
im zweistelligen Kilobereich, besitzen ansehnlich austrainierte Muskel-
pakete und sind meist – Hallenhandballer einmal ausgenommen – gut
gebräunt. Die Problemzone ist auch hier reine Kopfsache. Denn wie sagte
Rudi Völler so treffend: „Was meine Frisur angeht, da bin ich Realist."

Herakles hat eine Veranstaltung erstellt.
777 v. Chr. ·

📅 Teilnehmen

1. Olympische Spiele 4.563 Personen nehmen teil.

Ort: Heiliger Hain von Olympia
Zeit: 1.7.776 v. Chr.

👍 **Mastercard** und **Herr der Ringe** gefällt das · Kommentieren · Teilen

Olympische Spiele Jetzt gehts lohoos, jetzt gehts lohoos!
777 v. Chr. · Gefällt mir

Germanen Wo ist denn dieser Hain?
777 v. Chr. · Gefällt mir

Olympische Spiele Im Elis aufm Peloponnes.
777 v. Chr. · Gefällt mir

Germanen Och nööö, das sind gute acht Wochen Fußmarsch. Und dann der blöde Verkehr in der Ferienzeit. Am Ende hängen wir in irgendeiner Völkerwanderung fest.
777 v. Chr. · Gefällt mir

Olympische Spiele Wir haben jetzt auch „Verkloppen" als Disziplin aufgenommen!
777 v. Chr. · Gefällt mir

Germanen Wo war noch dieser Hain?
777 v. Chr. · Gefällt mir

 Griechisches Heer ist jetzt hier: **Schlacht bei Marathon.**
12.9.490 v. Chr. · 🌐

Gefällt mir · Kommentieren · Teilen

 Griechisches Heer Geil, haben gegen die Perser gewonnen!
Wer läuft mal eben nach Athen und sagt Bescheid?
12.9.490 v. Chr. · Gefällt mir

 Pheidippides Mal eben? Von Marathon nach Athen?
Das sind über 42 Kilometer!
12.9.490 v. Chr. · Gefällt mir

 Nike Just do it!
12.9.490 v. Chr. · Gefällt mir

 Pheidippides Naaaaa gut. Ich lauf los. Das war aber
definitiv das letzte Mal, dass ich euer Laufbursche bin.
12.9.490 v. Chr. · 🌐

👍 **Forrest Gump** gefällt das · Kommentieren · Teilen .

Empfohlener Beitrag   Gesponsert · Bearbeitet · 🌐

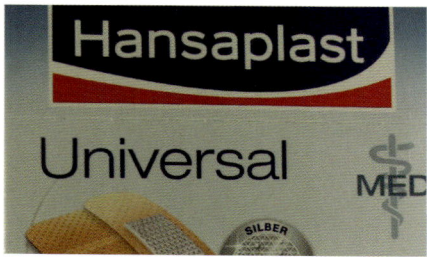

 Seite gefällt mir

Blasenpflaster – falls der Schuh mal drückt ...

Gefällt mir · Kommentieren · Teilen

Dieses Profil existiert nicht mehr. 12.9.490 v. Chr. · 🌐

Gefällt mir · Kommentieren · Teilen

Nike Also, an den Schuhen hats nicht gelegen ...
12.9.490 v. Chr. · Gefällt mir

Jesus Echt jetzt mal. Ich lauf hier von Pontius zu Pilatus!
33 n. Chr. · 🌐

Gefällt mir · Kommentieren · Teilen

Nike Just do it!
33 n. Chr. · Gefällt mir

Dieses Profil existiert nicht mehr. 33 n. Chr. · 🌐

Gefällt mir · Kommentieren · Teilen

Nike In Sandalen! Kein Wunder ...
33 n. Chr. · Gefällt mir

Christen haben **Kreuze** zu ihren Interessen hinzugefügt.
33 n. Chr. · 👥

Gefällt mir · Kommentieren · Teilen

Ben Hur hat **Rudern** zu seinen Interessen hinzugefügt.
34 n. Chr. · 👥

Gefällt mir · Kommentieren · Teilen

Römischer Kaiser Leute, das Stadion ist fertig!! Nennen wir es doch einfach Kolosseum. 80 n. Chr. · 🌐

Gefällt mir · Kommentieren · Teilen

 Senat Roms Sach bloß! Hat ja was gedauert.
80 n. Chr. · 👍 BER gefällt das.

 Senat Roms Wir fragen mal besser nicht nach den Kosten …
80 n. Chr. · 👍 Elbphilharmonie gefällt das.

 Senat Roms Und was machen wir nu mit der Bude? Die kann doch nicht leer stehen!
80 n. Chr. · Gefällt mir

 Römischer Kaiser Wir schmeißen Tiger, Löwen, ein paar abgehalfterte Gladiatoren und was sonst noch so weg muss in die Manege. Das wird geil, wetten dass?
80 n. Chr. · 👍 ZDF und Markus Lanz gefällt das.

 Römischer Kaiser hat eine Veranstaltung erstellt.
94 n. Chr. · 🌐

 Teilnehmen

Wagenrennen und Reiterspiele 159.800 Personen nehmen teil.

Ort: Circus Maximus in Rom
Zeit: IV. VIII., 15.00 Uhr, 94 n. Chr.

👍 Michael Schumacher, Jean Todt und Circus HalliGalli gefällt das.

 Der große Dichter Juvenal Wie stehts mit der Verpflegung: Gibts was zu essen oder sollte man besser Stullen mitbringen?
94 n. Chr. · Gefällt mir

Circus Maximus Catering (CMC) Für belegte Brote ist gesorgt.
94 n. Chr. · Gefällt mir

Der große Dichter Juvenal Ah, verstehe: Brot und Spiele – was will man mehr?!
94 n. Chr. · Gefällt mir

Westgoten Wir gehen mal ein bisschen wandern – soll ja sehr gesund sein. Wer kommt mit? 370 · 🌐

👍 Deutschland bewegt sich gefällt das · Kommentieren · Teilen

Büroangestellter Och, neee. Isch hab Rüüücken!
2011 · Gefällt mir

Alemannen, Sueben und **Jüten** haben **Völkerwanderung** zu ihren Interessen hinzugefügt. 370 · 👥

Gefällt mir · Kommentieren · Teilen

Vandalen Leute, bleibt bloß alle, wo ihr seid!!! Wir wandern jetzt schon ewig. Haben bald keinen Bock mehr. 370 · 🌐

Gefällt mir · Kommentieren · Teilen

Vandalen Scheiße, schon wieder falsch abgebogen. Spricht einer von uns Französisch?
371 · Gefällt mir

Vandalen Spanisch?
372 · Gefällt mir

Vandalen Baskisch?
372 · Gefällt mir

Vandalen Katalanisch?
373 · Gefällt mir

Vandalen Italienisch?
374 · Gefällt mir

 Vandalen haben den Titel der Veranstaltung **Völkerwanderung** in **Völlig sinnloses Rumgelaufe** geändert.
374 · 👥

👍 Forrest Gump gefällt das · Kommentieren · Teilen

Empfohlener Beitrag · Gesponsert · Bearbeitet · 🌐

 👍 Seite gefällt mir

TomTom

Gefällt mir · Kommentieren · Teilen

 Hunnen haben **Google Earth** zu ihren Interessen hinzugefügt.
374 · 👥

Gefällt mir · Kommentieren · Teilen

 Hunnen Wir kommen auch bald! 374 · 🌐

Gefällt mir · Kommentieren · Teilen

 Westgoten Och nööööö!!!!
374 · Gefällt mir

 Vandalen Wo immer wir jetzt auch sind – wir bleiben hier! Auch wenn die Kühe zwei Höcker auf dem Rücken haben ...
429 · Gefällt mir

 Olli Kahn Weiter, immer weiter!
2007 · Gefällt mir

Heinrich IV. geht vom **Mont Cenis** nach **Canossa.**
1077 ·

Gefällt mir · Kommentieren · Teilen

Nike Just do it!
1077 · Gefällt mir

 Heinrich IV. hat **Religion** (wieder) zu seinen Interessen
hinzugefügt. 1077 ·

Gefällt mir · Kommentieren · Teilen

Nike Just believe!
1077 · Gefällt mir

 Heinrich der Löwe hat eine Veranstaltung erstellt.
3.5.1189 ·

▦ Teilnehmen

Ritterspiele

Nur Lanzen und Breitschwerter. Attraktive Fleischpreise.
200 Ritter und Ein paar Zerquetschte haben teilgenommen.

Gefällt mir · Kommentieren · Teilen

Ritter aus Sachsen Wir sind dabei!
3.5.1189 · Gefällt mir

 Ritter aus Franken Wir kommen!
3.5.1189 · Gefällt mir

 Ritter aus Leidenschaft Was krieg ich, wenn ich mitmache?
3.5.1189 · Gefällt mir

 Ritter Sport

 !!!

3.5.1189 · Gefällt mir

 **Richard Löwenherz** ist jetzt mit **Tempelrittern** hier:
Jerusalem. 1189 · 🌐

👍 Blinder Religionsfanatismus gefällt das · Kommentieren · Teilen

Richard Löwenherz Muss mal eben ein paar Heiden zu frommen Christen bekehren. 1189 · 🌐

Gefällt mir · Kommentieren · Teilen

 Ritter Sport

!!!

1189 · Gefällt mir

 Papst Clemens III. Bekehren? Ich glaub, meine Tiara wackelt! Hatten wir uns nicht auf sinnloses, grausames, blutiges, unbarmherziges Abschlachten von allem, was Beine hat und kein Tisch ist, geeinigt???? Also immer feste druff!!!!
1189 · Gefällt mir

 Ritter Sport

!!!

1189 · 👍 Ritter der Kokosnuss gefällt das.

 Heinrich der Löwe Mööööönsch, was ist denn nun mit meinen Ritterspielen? Danach ist doch immer noch Zeit, völlig grundlos in arabische Länder einzumarschieren. 1189 · 🌐

Gefällt mir · Kommentieren · Teilen

 George W. Bush junior Die Freiheit nehm ich mir!
1989 · 👍 Visa gefällt das.

 George W. Bush senior Ruhig Blut, Sohnemann. Erst mal bin ich dran.
1989 · Gefällt mir

L'Équipe Mon Dieu, ist das langweilisch. Immer das gleiche Geschreibö! Isch abe eine güte Idee: Wir setzen undert Verrückte auf Räder, lassen die einmal dursch Frankreisch fahren, schreiben *darüber* und nennen das Ganze ...
1903 ·

Gefällt mir · Kommentieren · Teilen

 Le Figaro ... Wandertag im Irrenhaus?
1903 · Gefällt mir

 L'Équipe Non, isch atte an „Tour de France" gedacht.
1903 · Gefällt mir

 Obelix Die spinnen, die Franzosen!
1903 · Gefällt mir

 Bahnradfahren Super, mal was anderes! Wir kurven hier seit Jahren sinnlos im Kreis rum.
1903 · Gefällt mir

 Bernie Ecclestone Hmmmm ... Sinnlos im Kreis rumfahren ... eigentlich ne gute Idee! Nur vielleicht mit mehr PS.
1949 · Gefällt mir

Deutsche Mädels holen olympisches Gold beim Mehrkampf-Turnen-Wettbewerb der Frauen
1936 VÖLKISCHER BEOBACHTER

👍 **Leni Riefenstahl** gefällt das · Kommentieren · Teilen

 Joseph Goebbels Klasse gemacht, Mädels, das deutsche Volk ist stolz auf euch! Ihr seid echte Rasseweiber!
1936 · Gefällt mir

Bernie Ecclestone hat eine Veranstaltung erstellt.
1950 · 🌐

 Teilnehmen

Formel 1
Juan Manuel Fangio, Alberto Ascari und 22 andere haben teilgenommen.

👍 **Korruption** gefällt das · Kommentieren · Teilen

Wunder von Bern hat ein Bild geteilt. 1954 · 🌐

Wunderbar!

Gefällt mir · Kommentieren · Teilen

 Sepp Herberger Schön wars, bin noch ganz heiser. Wann sieht man sich mal wieder?
1954 · Gefällt mir

 Wunder von Bern Vierundsiebzig, Neunzig, Zweitausendzehn?
1954 · 👍 **Sportfreunde Stiller** gefällt das.

Sepp Herberger Vielleicht ja auch früher.
1954 · Gefällt mir

Wembley-Tor Ich glaub kaum ...
1954 · Gefällt mir

Deutsche Nationalmannschaft hat **Rumpelfußball** zu ihren
Interessen hinzugefügt.
1955 · 👥

Gefällt mir · Kommentieren · Teilen

Rudi Völler Rumpelfußball??? Das ist eine Sauerei, dieses
Buch hier. Und Facebook überhaupt. Die Geschichte mit dem
Tiefpunkt. Und noch ein Tiefpunkt. Und noch ein niedrigerer
Tiefpunkt. Ich kann diesen Scheißdreck nicht mehr hören. Da
haben irgendwelche Leute zwei, drei Weizen getrunken und
schreiben hier sowas. Das ist das Allerletzte – und ich lasse
mir das nicht mehr so lange gefallen, das sage ich euch
ganz ehrlich.
2002 · 👍 Waldemar Hartmann gefällt das.

Nach Hawaii hat das Surffieber
nun auch die kalifornische Küste erreicht!
1956 NEW YORK TIMES

👍 Der weiße Hai gefällt das · Kommentieren · Teilen

The Beach Boys Wir spüren gute Vibrations!
1961 · Gefällt mir

Sherpa Tenzing Norgay ▶ **Edmund Hillary** 28.5.1958 · 🌐

Eddi, du alte Knüppelwade, alles in Butter aufm Kutter?

Gefällt mir · Kommentieren · Teilen

Edmund Hillary Hä?
28.5.1958 · Gefällt mir

Sherpa Tenzing Norgay Na, wegen morgen. Alles roger in Kambodscha?
28.5.1958 · Gefällt mir

Edmund Hillary Kambodscha???
28.5.1958 · Gefällt mir

Sherpa Tenzing Norgay Na, alles im Lot aufm Boot?
28.5.1958 · Gefällt mir

Edmund Hillary Wasn fürn Boot???
28.5.1958 · Gefällt mir

Sherpa Tenzing Norgay Ach, lass mal, Eddie. Wir kriegen dich da morgen schon irgendwie hoch.
28.5.1958 · Gefällt mir

Sherpa Tenzing Norgay hat **Betreutes Bergsteigen** zu seinen Interessen hinzugefügt.
28.5.1958 · 👥

Gefällt mir · Kommentieren · Teilen

Cassius Clay hat seinen Profilnamen in **Muhammad Ali** geändert. 1964 · 👥

👍 Cat Stevens und Prince (the artist formerly known as symbol) gefällt das.

Richard Fosbury Auweia, Leute, ich hab Rücken! Das wird morgen ein Flop. Hochsprungwettbewerb Olympische Spiele, Mexiko-Stadt. 20.10.1968 · 🌐

Gefällt mir · Kommentieren · Teilen

Eintracht Braunschweig hat einen Link geteilt. 1973 · 🌐

Aufregung in der Bundesliga: Jägermeister wird erster Trikotsponsor
1973 BRAUSCHWEIGER NACHRICHTEN

Gefällt mir · Kommentieren · Teilen

 Uli Hoeneß Schnapsidee!
1973 · Gefällt mir

 Paul Breitner Also, mir stehts.

1973 · Gefällt mir

 Bruno Labbadia Ach, das wird doch alles von den Medien hochsterilisiert.
1989 · Gefällt mir

 Helmut Schön Da gehe ich mit Ihnen chloroform!
1990 · Gefällt mir

 **Eintracht Braunschweig** hat seinen Profilnamen in **Jägermeister Braunschweig** geändert. 1973 · 👥

👍 Günter Mast und Aspirin gefällt das · Kommentieren · Teilen

Niki Lauda Kennt jemand eine gute Werkstatt? 1.8.1976 · 🌐

Gefällt mir · Kommentieren · Teilen

Bernie Ecclestone Für dich oder dein Auto?
1.8.1976 · Gefällt mir

Manni's Autoexport Die Karre nehmen wir – auch ohne TÜV!
2001 · Gefällt mir

Österreichische Nationalmannschaft ist jetzt hier: **Cordoba, Argentinien, Fußball-Weltmeisterschaft** 21.6.1978 · 🌐

👍 Edi Finger gefällt das · Kommentieren · Teilen

Österreich Jaaaaaaaaaaaaaaaaaaaaaaaaaaaaa!!!!!!!!!
21.6.1978 · Gefällt mir

Deutschland Neeeeeeeeeeeiiiiiiiiiiinnnnnnnn!!!!!!!!!!!!!
21.6.1978 · Gefällt mir

Aerobic ist jetzt mit **Leggins, Stulpen, Wadenwärmer** und **127 Millionen anderen** befreundet. 1982 ·

Gefällt mir · Kommentieren · Teilen

Neues-Ich-Gefühl Uund eins! Uund zwei! Uund drei! Uund vier!
1982 · Gefällt mir

Wirbelsäule Uuund gute Nacht!
1982 · Gefällt mir

Deutsche Nationalmannschaft ist jetzt hier: **Sevilla, Spanien, Halbfinale der Fußball-Weltmeisterschaft** 1982 ·

Gefällt mir · Kommentieren · Teilen

Deutscher Zeugwart Eyo, mir gehen hier die Trikots aus.
1982 · Gefällt mir

Boris Becker Kann gerade echt nicht einschlafen. Morgen das große Finale gegen Kevin Curren, bitte alle Daumen drücken!
London, 6.7.1985 ·

Gefällt mir · Kommentieren · Teilen

Leimen Ich drücke!
6.7.1985 · Gefällt mir

Meg Ryan Mit schlaflosen Nächten kenn ich mich aus. Nimm Baldriantropfen!
6.7.1985 · Gefällt mir

Günther Bosch Schluss mit Facebook jetzt, Bobbele – ab ins Bett! Und nicht in die Besenkammer ...
6.7.1985 · Gefällt mir

Boris Becker hat einen Link geteilt. 1985 · 🌐

Bum-Bum-Boris gewinnt Wimbledon!
1985 BILD

👍 Dr. Eisenfaust gefällt das · Kommentieren · Teilen

Boris Becker Geiles Match! Und wie findet ihr meinen neuen Spitznamen „Bum–Bum-Boris"?
1985 · 👍 Dr. Eisenfaust gefällt das.

Der Goldfisch der Nation Blubb!
1985 · Gefällt mir

Der Bomber der Nation Ich finds o.k. Bobbele mochte ich aber lieber.
1985 · Gefällt mir

Kaiser Franz Nach meinem Geschmack kann es immer gern etwas heroischer sein.
1985 · Gefällt mir

König Otto Genau mein Reden, Franz!
1985 · Gefällt mir

Björn Borg Mich haben sie Mr. Cool oder Ice–Borg genannt.
1985 · Gefällt mir

Der Maulwurf Grabowski Alter Schwede, ich find, Bum Bum klingt nicht cool genug. Mich ruft man Gravedigger oder auch einfach nur „Yo Digger" und ich sag dir: Mit dem Spitznamen lassen sich echt gut Bräute angraben.
1985 · 👍 Jugendsprache gefällt das. 👎 Bastian Sick gefällt das nicht.

Boris Becker Vorschlag: Nennt mich, wie ihr wollt. Aber bitte, bitte, bitte nicht mehr „den 17–jährigen Leimener". O.k.?
1985 · Gefällt mir

Deep Blue hat einen Link geteilt. 1986 · 🌐

Zug verpasst – Schachexperten von IBM präsentieren den leistungsfähigsten Schachcomputer aller Zeiten mit mehr als vier Stunden Verspätung

1986 P.M. MAGAZIN

Gefällt mir · Kommentieren · Teilen

 Deep Blue Ihr seid doch alle Schisser! Keiner Bock auf ne Partie?
1986 · Gefällt mir

 Beastie Boys You gotta fight for your right to Partie!
1986 · Gefällt mir

 Deep Blue Ihr könnt eigentlich gleich aufgeben …
1986 · Gefällt mir

 Garri Kasparow Wenn *ich* aufgebe, dann nur Pakete!
1986 · Gefällt mir

 Deep Blue Ich kann 200 Millionen Stellungen pro Sekunde berechnen.
1986 · Gefällt mir

 Gina Wild Das will ich sehen!
1997 · Gefällt mir

 Garri Kasparow Da wird einem ja ganz übel …
1986 · Gefällt mir

 Lukas Podolski Fußball ist wie Schach, nur ohne Würfel.
2005 · Gefällt mir

Deutscher landet im Sportflugzeug auf dem Roten Platz in Moskau
28.5.1987 PRAWDA

Gefällt mir · Kommentieren · Teilen

 USA LOL! Wie peinlich ist das denn, bitte?
Würde uns nicht passieren.
29.5.1987 · Gefällt mir

 Osama bin Laden Dabei gibt es doch so viele Möglichkeiten, irgendwo *zu landen* ...
10.9.2001 · Gefällt mir

 RTL ist jetzt mit **Bundesliga** befreundet. 1988 · 👥

Gefällt mir · Kommentieren · Teilen

 Hans Meiser Bald ist Anpfiff, Ulli! Gehts vor der Sendung noch zum Friseur?
1988 · Gefällt mir

 Ulli Potofski Nö, wieso, sieht doch dufte aus, oder?

1988 · 👍 Andre Agassi gefällt das.

 ARD-Sportschau hat **Randsportarten** zu ihren Interessen hinzugefügt. 1988 · 👥

Gefällt mir · Kommentieren · Teilen

 ARD-Sportschau Wenn die bei RTL jetzt die Bundesliga machen, suchen wir uns halt irgendne andere Bekloppten-sportart, schneiden ordentlich Werbung rein und nennen das dann öffentlich-rechtlichen Informationsauftrag. Bloß welche Sportart könnte das denn sein ... ???
1988 · Gefällt mir

 Deutsche Telekom Liebe Sportfans! Die Deutsche Telekom AG wird mit mehreren Millionen ein Radsportteam gründen und unterstützen. Wir nennen es das „Team Telekom". 1991 · 🌐

Gefällt mir · Kommentieren · Teilen

 Sportschau-Redaktion Wenn du glaubst, es geht nicht mehr, dann kommt von irgendwo ein Lichtlein her ...
1991 · Gefällt mir

 Sportschau-Redaktion Nur mal so, liebe Telekom: Die Sache mit dem Doping habt ihr im Griff?
1991 · Gefällt mir

 Deutsche Telekom Aber SELBST-VER-STÄNDLICH! Wir kümmern uns JE-DEN TAG um das Doping! Unsere Sportler werden nach den neuesten Erkenntnissen der Medizin „~~versorgt~~"... ähhh ... betreut.
1991 · Gefällt mir

 Sportschau-Redaktion Da nehmen wir euch beim Wort!
1991 · Gefällt mir

 Mike Tyson Wisst ihr, wer morgen im WM-Kampf voll auffe Fresse kriegt? 1991 · 🌐

Gefällt mir · Kommentieren · Teilen

 Evander Holyfield Bin ganz Ohr ...
1991 · Gefällt mir

Ayrton Senna hat **Sky** zu seinen Interessen hinzugefügt.
1994 · 👥

👍 **Gott** gefällt das · Kommentieren · Teilen

Fußball-WM 98 hat eine Veranstaltung erstellt.
4.7.1998 · 🌐

 📅 Teilnehmen

Viertelfinale Deutschland-Kroatien
22 Freunde haben teilgenommen.

Gefällt mir · Kommentieren · Teilen

Marcel Reif Scheiße, die Kroaten treten echt auf alles, was sich bewegt.
4.7.1998 · Gefällt mir

Berti Vogts Dann hat unser Mittelfeld ja nichts zu befürchten!
4.7.1998 · Gefällt mir

Angela Ermakowa ist jetzt hier: **Besenkammer.** 1999 · 👥

Gefällt mir · Kommentieren · Teilen

Boris Becker Bin ich schon drin?
1999 · Gefällt mir

Angela Ermakowa Oh, ja!
1999 · Gefällt mir

 Boris Becker Das ist ja einfach.
1999 · 👍 AOL gefällt das.

 Lothar Matthäus hat einen Link geteilt. 2000 · 🌐

**Lothar Matthäus wechselt
zum Karriere-Ende nach New York**
2000 SPORT–BILD

Gefällt mir · Kommentieren · Teilen

 Lothar Matthäus Hello, America, I come over the big lake and I very happy play football with you in New York.
2000 · Gefällt mir

 NFL WTF!!!
2000 · Gefällt mir

 O. J. Simpson Er ist ein toter Mann.
2000 · Gefällt mir

 Adam Sandler Baby, das ist hier ein Spiel ohne Regeln!
2000 · Gefällt mir

Lothar Matthäus Oh, sorry, I again. My English is yet not so good. In German we say Fußball but I learn in USA you say soccer. A Lothar Matthäus is a soccer player. I hope we have a little bit lucky.
2000 · Gefällt mir

 **Ernie** ist immer noch mit **Bert** befreundet. 2002 · 👥

👍 Thomas Hitzlsperger gefällt das · Kommentieren · Teilen

Stefan Raab hat eine Veranstaltung erstellt.
2003 ·

📅 Teilnehmen

Wok-WM
38 Personen haben teilgenommen.

Gefällt mir · Kommentieren · Teilen

 Internationales Olympisches Komitee Wasn das fürn Ding?
2003 · Gefällt mir

 Stefan Raab Wie Bobfahren, nur eben im Wok ...
2003 · Gefällt mir

 Internationales Olympisches Komitee Verstehen wir nicht ...
2003 · Gefällt mir

 Stefan Raab ... auf ner Wokbahn! Auch als Viererwok ...
2003 · Gefällt mir

 Internationales Olympisches Komitee Verstehen wir nicht ...
2003 · Gefällt mir

 Stefan Raab Halt ne Sportveranstaltung, bei der jeder
Quadratzentimeter mit Werbung zugeklebt ist.
2003 · Gefällt mir

 Internationales Olympisches Komitee DAS verstehen wir!
2003 · Gefällt mir

Deutschland hat eine Veranstaltung erstellt:
Sommermärchen. 2006 ·

📅 Teilnehmen

81 Millionen sind beigetreten.

👍 Brüder Grimm gefällt das · Kommentieren · Teilen

Sommerhitze Ich bin dabei!
2006 · Gefällt mir

Wladimir Putin ist jetzt hier: **Sotschi, 20 Grad, die Sonnenbrille sitzt.** 2007 · 🌐

👍 Drei Wetter Taft gefällt das · Kommentieren · Teilen

Wladimir Putin Irre, habe in Russland tatsächlich einen Ort gefunden, an dem es niemals schneit! Was könnte man denn hier anstellen?
2007 · Gefällt mir

Snow Patrol Haben eine Idee! LOL
2007 · Gefällt mir

Sepp Blatter ist jetzt hier: **Katar, 50 Grad, das Toupet schwitzt.** 2009 · 🌐

👍 Drei Wetter Taft gefällt das · Kommentieren · Teilen

Sepp Blatter Irre, habe tatsächlich ein Land gefunden, in dem noch nie jemals jemand richtig Fußball gespielt hat. Was könnte man denn hier anstellen?
2009 · Gefällt mir

Lionel Messi hat einen Link geteilt. 2010 · 🌐

FC Barcelona gibt bekannt: „Wir zahlen 290 Millionen an Spielergehältern!" Spontane Jubelfeier der Spieler

2010 EL MUNDO

👍 Spielerfrauen gefällt das · Kommentieren · Teilen

Franz Beckenbauer Diese Spieler werden über Jahre hinaus unschlagbar ... ähhh, ich meine ... unbezahlbar sein.
2010 · Gefällt mir

Lionel Messi hat seinen Wohnort geändert in
Villa Estados los Protzos. 2010 · 👥

Gefällt mir · Kommentieren · Teilen

Barcelona Immobilien Messi-Wohnung zu vermieten.
2010 · 🌐

Gefällt mir · Kommentieren · Teilen

Tine Wittler Für eine Messi-Wohnung gut in Schuss! LOL
2010 · Gefällt mir

Felix Baumgartner hat ein Bild geteilt. 14.10.2012 · 🌐

Gefällt mir · Kommentieren · Teilen

Felix Baumgartner Hmmm. Doch ein bisschen zu weit oben ...
14.10.2012 · Gefällt mir

Angela Merkel ist jetzt hier: **Finale der FiFa-WM 2014.**
13.7.2014 · 🌐

Gefällt mir · Kommentieren · Teilen

Lukas Podolski Mensch, Angie, da oben herrscht ja ne
Stimmung wie aufm Betriebsausflug. Erzähl dem ollen Blatter
doch mal nen Witz. Also, pass auf: Wie viele Liegestütze schafft
der Manuel Neuer? Richtig: Alle! Wuaaaahaaaahhhhhaaaahhh!!!!
13.7.2014 · Gefällt mir

Jogi ▶ **Lukas Podolski** 13.7.2014 · 🌐
Aaaaaachtung, Jungs!!!!!!! Angie kommt aufn Selfie in die
Kabine. Zieht euch was an, schließt den Großkreutz in den
Spind und tut so, als würdet ihr euch freuen!

Gefällt mir · Kommentieren · Teilen

Lukas Podolski Scheiße, Trainer, wo bleibt denn hier der Alk??
Der Großkreutz trinkt schon aus dem Wasserhahn – auf ex!
13.7.2014 · Gefällt mir

Philipp Lahm Weltmeister!!!!!!! Wir sind die grööööößten!!!
13.7.2014 · Gefällt mir

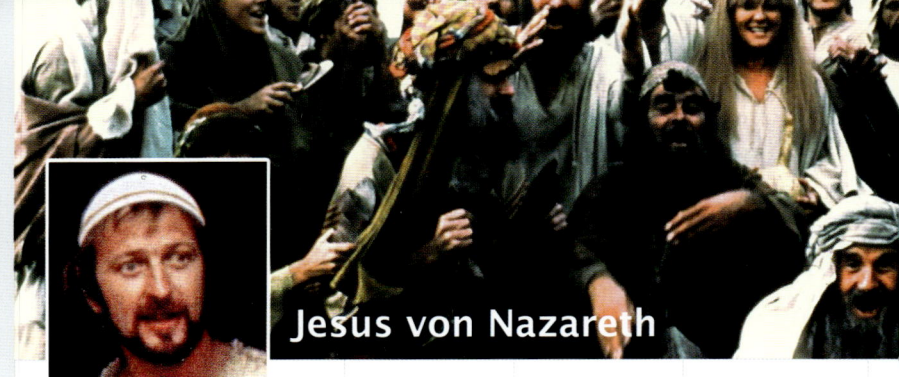

Jesus von Nazareth

Chronik   **Info**   **Freunde**

Info

💼 Hat bei **Wanderprediger** gearbeitet

🏠 Wohnt in **Nazareth**

📍 Aus **Bethlehem**

Fotos · 65

Filme · 87

The Life of Brian   Hunde wollt ihr …

The Passion Play   Ben Hur

Musik · 13

Jesus Christ Su …   Madonna

Loosing My Religion   Karel Gott

62

Jesus   Startseite   Freunde finden

| ✔ Freunde ▼ | ✔ Nachricht ▼ | Folgen | ⚙ ▼ |

Mehr ▼

„Gefällt mir"–Angaben · 13

Abhängen

Flip-Flops

Ned Flanders

Nächstenliebe

1. Kreuzzug

Krippen

Orte

Jesus läuft von Pontius zu Pilatus.
Vor etwa 3 Wochen

Spazieren gehen – mit
warmherzigen Bernhardinern.
Vor etwa 2 Wochen

Auf ein letztes Mal in Taverne
mit 12 anderen.
Heute

 Angler hat deinen
Status kommentiert.
„Ist mir scheißegal, wer
dein Vater ist – solange
ich hier angle, läufst du
nicht übers Wasser!"

 Maude Flanders
gefällt dein Profilfoto.

 Reinhold Messner
hat deine Veranstaltung
kommentiert: „Alter,
wenn hier einer vom
Berg predigt, dann bin
ich das!"

 Petrus   Mobil •

 Andreas   Mobil •

 Jakobus   Mobil •

 Johannes   Mobil •

 Philippus   Mobil •

 Bartholomäus   Mobil •

 Thomas   Mobil •

 Matthäus   Mobil •

 Judas   3h 📱

 Thaddäus   Mobil •

 Simon   Mobil •

 Jakobus   Mobil •

 🔍 Search   ⚙

Tuten, Trommeln und Tralala

Die Geschichte der
Musik

Laut einer Studie geben Kühe mehr Milch, wenn ihr Stall mit leiser Musik von Mozart beschallt wird. Klänge von Speedmetal oder Punk hingegen scheinen keinerlei Folgen für die Milchproduktion zu haben. Welch interessanter Sachverhalt! Zeigt er doch, dass Kühe Geschmack haben. Darüber hinaus belegt das Studienergebnis, dass Musik weit mehr ist als die Aneinanderreihung von Tönen oder die Abfolge von Rhythmen. Keine andere Kunstgattung vermag derartige Gefühle und Stimmungen hervorzurufen. So wirkt beispielsweise Bachs Weihnachtsoratorium nachgewiesenermaßen so beruhigend, dass ein Großteil des Publikums bereits nach dem ersten Rezitativ eingeschlafen ist.

Unser alter Otto von Bismarck stellte fest, dass er sich stärker und tapferer fühlte, wenn er Beethoven hörte, und wer heutzutage an einer Kreuzung beobachtet, was Musik aus Autofahrern zu machen vermag, wird bestätigen: Von freudiger Verzückung (z. B. Mutti laut mitsingend beim Genuss von Schlagermusik) bis hin zu ultracooler Testosteronschleuderei (gut bei Hip-Hop hörenden jungen Männern in bevorzugt dunklen und tiefergelegten 3er-BMWs zu beobachten) ist hier die gesamte Klaviatur der menschlichen Gefühlswelt vertreten. Wir modernen Menschen dürfen uns glücklich schätzen, auf so viele unterschiedliche Musikgattungen zugreifen zu können, und auch die Vielzahl an Instrumenten, die uns heute zur Verfügung steht, leistet ihren Beitrag zur Abwechslung. Im alten Rom gabs außer Pauken und Trompeten und vielleicht ein paar naiven Saiteninstrumenten nicht viel zu bespielen. Keine leichte Zeit für die damaligen Richard Claydermänner und andere Schnulzenbrüder – oder haben Sie jemals eine Frau mit romantischem Trompetenspiel betört? Richtig los ging es in der Musikgeschichte eigentlich erst mit der „Erfindung" des Klaviers im 18. Jahrhundert und dann Schlag auf Schlag: Klassik, Romantik, Moderne, Jazz, Rock, Pop, Schlager, Soul, Grunge, Techno u. v. m.

Welch wunderbare Vielfalt zum Daran-Erfreuen, kaum einer, der sich nicht für den ein oder anderen Musikstil begeistert. Nur für die Bauern stellt diese Vielfalt eine echte Herausforderung dar: Wie viele verschiedene Musikstücke sollen sie ihren Kühen bloß vorspielen, um sicher sagen zu können, dass gerade Mozarts Kompositionen die meiste Milch fließen lassen?

China Wil haben die Pentatonik elfunden, Fünftonmusik – gloßaltig! 1600 v. Chr. · 🌐

Gefällt mir · Kommentieren · Teilen

Shang-Dynastie Wundelbal! Lasst uns gemeinsam auf unselen Flöten und Saiteninstlumenten musizielen.
1600 v. Chr. · Gefällt mir

Europa Interessiert hier keine Sau. Wir hauen uns gerade mit Keulen gegenseitig die Birne ein! Das rockt! Grrrr!
1600 v. Chr. · Gefällt mir

Kaiser von China Kultulbanausen! Ignolanten! Die Eulopäel wülden es doch nicht einmal bemelken, wenn hiel ein Sack Leis umfiele!
1600 v. Chr. · Gefällt mir

Israeliten Hmm, die Mauer sieht irgendwie ganz schön stabil aus. 1200 v. Chr. · 🌐

👍 Pink Floyd und Erich Honecker gefällt das · Kommentieren · Teilen

Bewohner von Jericho Ihr kommt hier niemals rein! *grins*
1200 v. Chr. · Gefällt mir

Gott Tja, meine Lieben, dann lasst euch mal was einfallen! Ihr seid schließlich die Krone der Schöpfung.
1200 v. Chr. · Gefällt mir

Israeliten Wir rammen mit Holzstämmen dagegen.
1200 v. Chr. · Gefällt mir

Gott Kalt.
1200 v. Chr. · Gefällt mir

 Israeliten Wir schlagen mit unseren Trompeten darauf, bis der Stein bricht.
1200 v. Chr. · Gefällt mir

 Gott Schon wärmer. *augenroll*
1200 v. Chr. · Gefällt mir

 Israeliten Wir umrunden an sechs Tagen je einmal die Stadtmauer und blasen dabei in unsere Trompeten. Und am siebten Tag laufen wir einfach siebenmal drum herum und pusten so doll in unsere Trompeten, wie wir können.
1200 v. Chr. · Gefällt mir

 Gott Volltreffer! LOL
1200 v. Chr. · Gefällt mir

 Troubadix Guckt mal, was mir ein Römer geschenkt hat!
40 v. Chr. · 🌐

Gefällt mir · Kommentieren · Teilen

 Verleihnix Beim Teutates – das sieht ja aus wie Methusalix' Rektalthermometer.
40 v. Chr. · Gefällt mir

 Troubadix Arschgeige!
40 v. Chr. · Gefällt mir

 Verleihnix Sag ich doch!
40 v. Chr. · Gefällt mir

 Majestix Oh je, mir schwant nichts Gutes. Hände weg von den Fischen!
40 v. Chr. · Gefällt mir

 Automatix Den vergammelten?
40 v. Chr. · Gefällt mir

Verleihnix Ich geb dir gleich ...
40 v. Chr. · Gefällt mir

 Zivilisation Nordeuropa ist einfach noch nicht so weit. Musik will da keiner hören.
40 v. Chr. · Gefällt mir

 Obelix Die spinnt, die Zivilisation.
40 v. Chr. · Gefällt mir

 Troubadix Barbaren!
40 v. Chr. · Gefällt mir

 Papst Gregor der Große Brüder, lasset uns singen und den Herrn preisen. Singet alle zusammen einstimmig zum Gebete.
600 · 🌐

👍 Vangelis, Gregorian und Henry Maske gefällt das.

 Bruder Jakob Großartig! Ab sofort nicht mehr jeder für sich, sondern alle zusammen – lobet den Herrn!
600 · Gefällt mir

 Papst Gregor der Große Weiter so, mein Sohn. Und achte darauf, dass alle schön zur gleichen Zeit das Gleiche singen.
600 · Gefällt mir

 Deutscher Pfadfinderverband Zehn nackte Neger mit Hosenträger, die sangen ein Lied, und das geht so: U alele, A takentikentumba, A massa-massa-massa, U alelebalue-balua!
1970 · Gefällt mir

 Gunnery Sergeant Hartman Euch Milchgesichtern werde ich den Spaß schon noch austreiben! Ab sofort heißt es: I don't need no teenage queen, I just want my M 14!
1987 · Gefällt mir

 Claudio Monteverdi: Kein Bock mehr auf die alte Leier. Ich mach jetzt mal was Neues: Musik, Theater und Tanz in *einem* Werk. 1607 · 🌐

👍 Damenvolk gefällt das.

 Kulturminister Das wird teuer, das sind ja gleich drei Dinge auf einmal.
1607 · 👍 Kinderüberraschung gefällt das.

Der Mann an sich Klingt super langweilig.
1607 · Gefällt mir

 Claudio Monteverdi Es wird großartig, lasst es uns „Oper"
nennen und eine neue Kunstgattung erschaffen!
1607 · Gefällt mir

 Der Mann an sich Oh Mann! *gähn*
1607 · Gefällt mir

 Johann Sebastian Bach Fertig! 1748 · 🌐

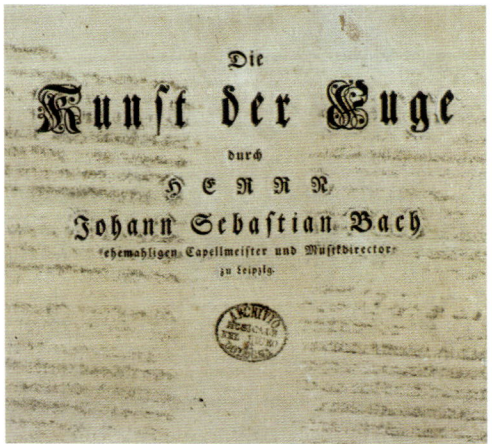

👍 **Deutsche Maurerinnung** gefällt das.

 Bob der Baumeister Ich liebe Fugen!
2003 · Gefällt mir

 Pöbel Fuge, was solln das sein?
1748 · Gefällt mir

 Johann Sebastian Bach „Fugere" ist lateinisch und bedeutet
so viel wie „fliehen". Die Melodie „flieht" demnach gefühlvoll
von einer Stimme zur nächsten.
1748 · Gefällt mir

 Pöbel Die Melodie ist auf der Flucht? Son Quatsch.
1748 · Gefällt mir

 Dr. Kimble Sind wir das nicht alle irgendwie? *schwitz*
1993 · Gefällt mir

Bartolomeo Cristofori Guckt mal: Habe ich gerade gebaut!
1710 ·

👍 Billy Joel und Lang Lang gefällt das.

Steinway Das kann ich besser!
1853 · Gefällt mir

Afrikanische Elefanten Sieht toll aus, nur: Aus was für nem Material sind eigentlich die Tasten?
1710 · Gefällt mir

Afrikanischer Babyelefant Hat jemand meinen Papa mit den lääääängsten Stoßzähnen von allen gesehen?
1710 · Gefällt mir

Loriot Ein Klavier, ein Klavier!
1978 · Gefällt mir

Jugend musiziert Das ist kein Klavier, das ist ein Flügel. *augenroll* Größer, lauter und vor allem unbezahlbar!
1979 · Gefällt mir

 Joseph Haydn Habe soeben meine erste Sonatine für Klavier fertiggestellt! 1761 · 🌐

Gefällt mir · Kommentieren · Teilen

 Fürst Paul Anton I. Esterházy Wunderbar, ein Meisterwerk!
1761 · Gefällt mir

 Wolfgang Amadeus Mozart Gßßßßßßßvaxnbbla?
1761 · Gefällt mir

 Salieri Was erlaubt sich der Wicht?
1761 · Gefällt mir

 Leopold Mozart Bitte untertänigst um Verzeihung für meinen Sohn Wolfgang. Er ist gerade fünf Jahre alt geworden und kann noch nicht richtig schreiben. Was er zum Ausdruck bringen wollte, war allein seine Hochachtung und der Hinweis, dass er gerade selbst sein siebtes Klavierkonzert komponiert.
1761 · Gefällt mir

 Miley Cyrus Früh übt sich!
2006 · Gefällt mir

 Wolfgang Amadeus Mozart hat **Zaubern** und **Flöten** zu seinen Interessen hinzugefügt.
1791 · 👥

Gefällt mir · Kommentieren · Teilen

 Gargamel Hey, du Schlumpf, zaubern hat nix mit Musik zu tun!
1968 · Gefällt mir

 Trompeten-Schlumpf Das sehe ich anders.
1968 · 👍 Vader Abraham gefällt das.

Der Hof von Salzburg hat eine Veranstaltung erstellt.
1791 ·

📅 Teilnehmen

Uraufführung des Mozart-Requiems 2.153 Personen nehmen teil.

👍 Falco und Alice Cooper gefällt das · Kommentieren · Teilen

Der Tod Oh, wie schön, ein Lied vom Tod!
1791 · 👍 Sergio Leone und Charles Bronson gefällt das.

Beethoven Ich hör nix! 1803 · 🌐

Gefällt mir · Kommentieren · Teilen

Stevie Wonder Ich seh nix!
1980 · Gefällt mir

Dieter Bohlen Macht nix. Kommt zu DSDS! Da spielt das keine Rolle. Außerdem stehen wir da auf Freaks.
2012 · 👍 Conchita Wurst gefällt das.

Steiermärkischer Musikverein ▶ **Franz Schubert** 1822 · 🌐
Wie läufts denn mit der neuen Sinfonie?

Gefällt mir · Kommentieren · Teilen

Franz Schubert ▶ **Steiermärkischer Musikverein** 1822 · 🌐
Kriege das Ding irgendwie nicht fertig. Vielleicht lasse ich einfach den 3. und 4. Satz weg.

Gefällt mir · Kommentieren · Teilen

Steiermärkischer Musikverein ▶ **Franz Schubert** 1823 · 🌐
Dann nennen wir sie doch einfach „Die Unvollendete".
Rein marketingmäßig ist das ein klasse Name!

👍 **Elbphilharmonie** gefällt das · Kommentieren · Teilen

Franz Schubert Nächste Woche wird mein neuer Liederzyklus in Wien vorgestellt. Er heißt „Die Winterreise" – kommt alle vorbei! 02.01.1828 · 🌐

👍 **Schneemann** und **skireisen.de** gefällt das · Kommentieren · Teilen

Schöne Müllerin Na, da müssen wir uns ja warm anziehen! Wir kommen auf jeden Fall, wahrscheinlich sogar mit dem Schlitten!
2.1.1828 · Gefällt mir

Müller Ich hätt eher Lust aufs Wandern!
2.1.1828 · Gefällt mir

Pjotr Iljitsch Tschaikowski hat **Nussknacker** zu seinen Interessen hinzugefügt. 1890 · 👥

👍 **Zahnmedizin** gefällt das.

Weimarer Republik An alle Deutschen: Wir brauchen ein Lied! Eine Hymne für unser Land, für unser einig Vaterland. Ideen? 1922 · 🌐

Gefällt mir · Kommentieren · Teilens

Großvater Heidi, Heidi, deine Welt sind die Berge!
1922 · Gefällt mir

Friedrich Ebert Nicht schlecht. Aber Berge gibts auch anderswo. Der Text müsste von was typisch Deutschem handeln und irgendwie heroisch rüberkommen.
1922 · Gefällt mir

 Rainer Maria Rilke Wir wärs mit dem Chor aus Beethovens Neunter: Freude schöner Götterfunken, Tochter aus Elysium und so weiter?
1922 · Gefällt mir

 Friedrich Ebert Geht in die richtige Richtung. Die Stimmung ist auf jeden Fall die richtige.
1922 · Gefällt mir

 Tante Käthe Ein Rudi Völler, es gibt nur ein Rudi Völler, ein Ruudi Vööööller, es gibt nur ein Rudi Vöööller!!!
1990 · Gefällt mir

 Friedrich Ebert Wow, das ist so richtig schön schwungvoll und mitreißend. Nur: Wer ist dieser Rudi Völler?
1922 · Gefällt mir

 Fußballgott Der Messias. Wartets ab, er wird kommen. Ihr werdet ihn erkennen.
1922 · Gefällt mir

 Friedrich Ebert hat ein Bild geteilt. 1922 · 🌐

Das Deutschland-Lied! Melodie von Haydn, Text von Hoffmann von Fallersleben!

👍 **Jogi Löw**, **Helmut Kohl**, **Maas** und **Memel** gefällt das · Kommentieren · Teilen

 Benny Goodman hat **Swing** zu seinen Interessen hinzugefügt. 1928 · 👥

Gefällt mir · Kommentieren · Teilen

 Wayne und Garth Scha-wing!
1992 · Gefällt mir

 Robbie Williams Swing when you're winning!
2012 · 👍 Roger Cicero gefällt das.

 Comedian Harmonists haben **Kakteen** zu ihren Interessen hinzugefügt. 1934 · 👥

Gefällt mir · Kommentieren · Teilen

 Dieter Bohlen Ich hab auch so ne Kacktusse zu Hause.
2009 · 👎 Naddel und Verona Feldbusch gefällt das nicht.

 Elvis hat **Hüftschwung** zu seinen Interessen hinzugefügt. 1956 · 👥

Gefällt mir · Kommentieren · Teilen

 Damenwelt OMG!!!
1956 · Gefällt mir

 Elvis Presley ist jetzt hier: **Friedberg, Germany.** 1958 · 🌐

👍 US-Armee gefällt das · Kommentieren · Teilen

Deutsche Mädels Kreisch!!!!!!!!!!!!!!!!
1956 · Gefällt mir

 Paul McCartney ist jetzt hier: **Hamburg, Kaiserkeller.**
1960 · 👥

Gefällt mir · Kommentieren · Teilen

 John Lennon KAISERkeller? Alter, ne abgewrackte Bumsbude ist das hier. Alles voll mit Kakerlaken oder sonstigem Käferzeug.
1960 · Gefällt mir

 Paul McCartney hat **Käfer** zu seinen Interessen hinzugefügt.
1960 · 👥

👍 John Lennon, George Harrison, Ringo Starr und Volkswagen gefällt das.

 Bravo Elvis beendet seinen Militärdienst in Deutschland und reist zurück in die USA. 1960 · 🌐

Gefällt mir · Kommentieren · Teilen

 Elvis Presley Muss I denn zum Städtele hinaus?
1960 · Gefällt mir

 Deutsche Mädels Heul!!!!!!!!!!!!!!!
1960 · Gefällt mir

 The Beach Boys haben **Surfen** zu ihren Interessen hinzugefügt. 1961 · 👥

👍 Internet gefällt das.

 Frances Houseman hat ihren Profilnamen in **Baby** geändert.
1963 · 🌐

Gefällt mir · Kommentieren · Teilen

Baby hat **Tanzen** zu ihren Interessen hinzugefügt. 1963 ·

👍 Patrick Swayze gefällt das · Kommentieren · Teilen

 Baby ist in einer Beziehung mit **Johnny.** 1963 ·

Gefällt mir · Kommentieren · Teilen

 Baby Heute Abend ist unser großer Auftritt, ich bin schon total aufgeregt! *schwitz* 1963 ·

Gefällt mir · Kommentieren · Teilen

 Sylvie Meis Yeah, let's dance, Baby!!
2011 · Gefällt mir

 Penny Du schaffst das, Baby! Johnny ist ein wunderbarer Partner (den du mir weggeschnappt hast, bytheway).
1963 · Gefällt mir

 Baby Aber ich hab trotzdem voll Schiss vor der Hebefigur! *heul*
1963 · Gefällt mir

 Lisa Hey, Schwesterherz, wo treibst du dich rum? Wenn Dad das erfährt, ist er bestimmt stinksauer!
1963 · Gefällt mir

 Baby Ich kann nicht anders. *schluchz* Ich erleb hier grad die Zeit meines Lebens!
1963 · Gefällt mir

Mick Jagger ist jetzt mit **Keith Richards** und **drei anderen** befreundet. 1962 · 👥

Gefällt mir · Kommentieren · Teilen

 Mick Jagger hat vier Fotos zu seinem Profil hinzugefügt**.** 1962 · 🌐

Gefällt mir · Kommentieren · Teilen

 John Lennon Mit DEN Frisuren kommt ihr nicht weit!
1962 · Gefällt mir

 Frank Sinatra Lasst euch nicht reinreden, Jungs. Übrigens: Spielt doch mal hier in New York: Wenn ihr es hier schafft, dann schafft ihr es überall!
1962 · Gefällt mir

 Jim Morrison hat **Türen** zu seinen Interessen hinzugefügt. 1965 · 👥

👍 Bewusstseinserweiternde Drogen gefällt das · Kommentieren · Teilen

 Nancy Sinatra Hab mir neue Stiefel gekauft! 1966 · 🌐

Gefällt mir · Kommentieren · Teilen

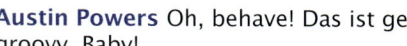

Austin Powers Oh, behave! Das ist genau mein Ding, groovy, Baby!
1966 · Gefällt mir

Nancy Sinatra Aufpassen, Austin! Diese Stiefel sind zum Laufen gemacht …
1966 · Gefällt mir

Fieser Fettsack LOL
1966 · Gefällt mir

Rockmusiker Geil, hab heute mit nur drei Akkorden vor über 1000 Leuten gespielt! 1967 · 🌐

Gefällt mir · Kommentieren · Teilen

Jazzmusiker Bei mir wars genau umgekehrt …
1967 · Gefällt mir

Das Musical „Hair" gastiert am Broadway! Alle, die sich der Anti-Vietnam-Bewegung anschließen wollen, lassen sich zum Ausdruck ihres Protests die Haare wachsen!
1968 ROLLING STONE MAGAZINE

Wolfgang Petry, Joey Kelly und Rudi Völler gefällt das · Kommentieren · Teilen

Pierluigi Collina Kann man seinen Protest auch anders zum Ausdruck bringen?
2007 · Gefällt mir

 John Lennon George hat jetzt ne indische Sitar. Indien ist einfach nur geil! 1968 · 🌐

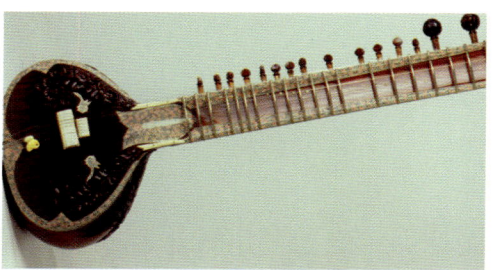

👍 Paul McCartney, Ringo Starr und 1 Milliarde Inder gefällt das.

 Yoko Ono hat **Kamasutra** zu ihren Interessen hinzugefügt. 1968 · 👥

👍 John Lennon gefällt das · Kommentieren · Teilen

 Paul McCartney Ey, hör auf, dich so zu verbiegen, bro, unsere Band geht noch vor die Hunde! Und hör mal mit diesem Meditieren auf!
1968 · Gefällt mir

 John Lennon Peace, Bruder! Die Yoko hat gesagt, meditieren ist immer noch besser, als rumzusitzen und nichts zu tun.
1968 · Gefällt mir

Ein paar durchgeknallte Hippies haben eine Veranstaltung erstellt. 1969 ·

> 🗓 Teilnehmen

Woodstock-Festival   Viel zu viele nehmen teil.

Ort: Auf der großen Wiese. Gras selbst mitbringen!
Zeit: The times they are a changin'!

👍 **Freie Liebe** gefällt das · Kommentieren · Teilen

 Besucher Scheiße, wir stehn im Stau und das Bier geht uns langsam aus.
1969 · Gefällt mir

 Jimi Hendrix Don't drink and drive, if you can smoke and fly!
1969 · Gefällt mir

 Punk hat eine Veranstaltung erstellt: **Alles kurz und klein schlagen.** 1978 ·

> 🗓 Teilnehmen

👍 **Dosenbier** gefällt das · Kommentieren · Teilen

 Die Toten Hosen Geil! Feiern, bis die Ärzte kommen!
1982 · Gefällt mir

 Die Ärzte Nö, keinen Bock heute.
1982 · Gefällt mir

Neue Deutsche Welle hat einen Link geteilt. 1979 · 🌐

Irre: Y.M.C.A. von den Village People seit 124 Wochen in den Top Ten
1979 MUSIKEXPRESS

Gefällt mir · Kommentieren · Teilen

Neue Deutsche Welle Bock auf was Neues? Wer ist dabei?
1979 · Gefällt mir

Einstürzende Neubauten Was lange gärt, wird endlich Wut! Sind dabei!
1979 · Gefällt mir

Hubert Kah Liberté, Égalité, Pfefferminztee. Bin mit von der Partie!
1979 · Gefällt mir

Peter Schilling No Atomstrom in my Wohnhome! Ich mach mit.
1979 · Gefällt mir

Karl der Käfer Wurde nicht gefragt ...
1983 · Gefällt mir

Oliver Geissen Sind wir schon auf Sendung?
2003 · 👍 Axel Schulz gefällt das.

Peter Illmann Ich würde sterben für was Neues in der Musik.
1979 · Gefällt mir

Kurt Cobain Ich auch!
1993 · Gefällt mir

Frl. Menke ist jetzt hier: **Im Tretboot in Seenot.** 1983 ·

👍 **Sascha Hehn** gefällt das · Kommentieren · Teilen

DGzRS Halt aus. Wir kommen!
1983 · Gefällt mir

RTL-Chart-Show Wir auch!!
2003 · Gefällt mir

Empfohlener Beitrag   Gesponsert · Bearbeitet ·

👍 Seite gefällt mir

Luftballon24.de

👍 99 gefällt das · Kommentieren · Teilen

MTV Dürfen wir vorstellen: das Musikvideo! Tatatataaaaa!
1982 ·

Gefällt mir · Kommentieren · Teilen

Radio Neeeeiiiin!!!!!
1982 · Gefällt mir

MTV Wir dudeln jetzt einfach mal dieselben zehn Videos den ganzen Tag rauf und runter, schnippeln schwachsinnige Werbespots dazwischen und lösen damit eine Revolution in der Musikwelt aus. So.
1982 · Gefällt mir

 Jugend VIVA la Revolution!
1982 · 👍 VIVA und Klingeltöne gefällt das

 Grandmaster Flash 1982 · 🌐
Jojojo. Checkitout Jo!

Gefällt mir · Kommentieren · Teilen

 Rockmusik Wie hört sich denn diese Platte an?
1982 · Gefällt mir

 Bronx Wir nennen das Rap!
1982 · Gefällt mir

 Rockmusik Hmmm. Früher hieß das Stottern und war heilbar!!
1982 · 👍 Scatman gefällt das.

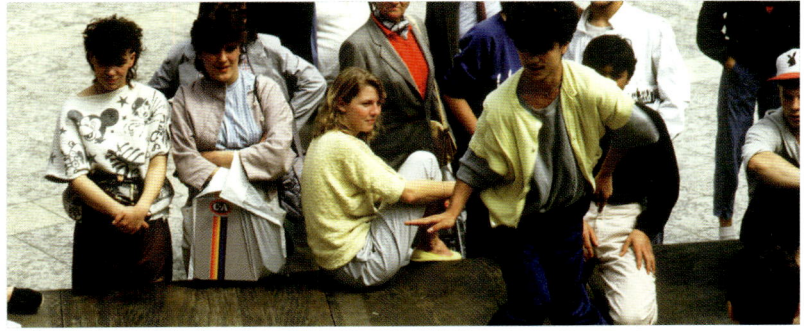

Breakdance erreicht Deutschlands Fußgängerzonen
1983 BRAVO

Gefällt mir · Kommentieren · Teilen

 Rentner Was soll das denn sein?
1983 · Gefällt mir.

 Breakdancer Wir können nicht singen. Deshalb hampeln wir wild rum!
1983 · 👍 DJ BoBo gefällt das.

 Michael Jackson hat **Mond** zu seinen Interessen hinzugefügt.
1983 · 👥

👍 NASA gefällt das · Kommentieren · Teilen

 **Last Christmas** ist jetzt mit **Alle Jahre wieder** befreundet. 1984 · 👥

Gefällt mir · Kommentieren · Teilen

 Rio Reiser möchte König von Deutschland sein. 1986 · 🌐

Gefällt mir · Kommentieren · Teilen

 A. H. Vergiss es. Macht nur Ärger.
1986 · Gefällt mir

 Jürgen Drews Also, auf Malle gehts!
1986 · Gefällt mir

 A. H. Da hab ich Lokalverbot. Unter anderem ...
1986 · Gefällt mir

Michael Jackson

Chronik   **Info**   **Freunde**

Info

💼 Hat bei **King (of Pop)** gearbeitet

🏠 Wohnt in **Neverland**

📍 Aus **Gary, Indiana**

Fotos · 65

Filme · 87

Zwerg Nase   Die Supernasen

Der weiße Hai   Moonwalker

Serien · 13

Matlock   Boston Legal

Better Call Saul   Law & Order

✓ **Freunde** ▼   ✓ **Nachricht**   Folgen   ⚙ ▼

Mehr ▼

„Gefällt mir"-Angaben · 13

White Dinner

Kinder Überraschung

Trigema

Dirty Diana

Betäubungsmittel

Schlafmittel

Veranstaltungen

 **Michael Jackson** nimmt an einem **Gerichtsprozess** teil.
Vor etwa 8 Jahren

 **Michael Jackson** nimmt schon wieder an einem **Gerichtsprozess** teil.
Vor etwa 7 Jahren

 **Michael Jackson** nimmt am **Seminar Anwaltskosten sparen leicht gemacht** teil.
Vor etwa 1 Jahr

 Lisa Marie Presley hat deinen Status kommentiert. „Ist mir egal, ob du mit dem Hut ins Bett willst. ABER DER AFFE BLEIBT DRAUSSEN!!!"

 Bubbles hat dein Profilfoto kommentiert: „Uuups, wem gehört denn die Nase hier?"

 Denny Crane hat deine Veranstaltung kommentiert: „Hoffnungsloser Fall? Denny Crane! ... Immer noch unbesiegt!"

 La Toya   Mobil •

 Janet   Mobil •

 Jermaine   24h 📱

 Tito   Mobil •

 Dirty Diana

 Bubbles   3h 📱

 Thommy   Mobil •

 Lisa M. Presley   Mobil •

🔍 Search   ⚙ 📝

CD Aus dem Weg! Hier komme ich und mach euch alle platt!
1986 · 🌐

Gefällt mir · Kommentieren · Teilen

 Vinylplatte Du Rohling!
1986 · Gefällt mir

 Michael Jackson hat eine Veranstaltung erstellt. 1988 · 🌐

 📅 Teilnehmen

Moonwalker   1.690.540 nehmen teil.
Zeit: Premiere am 29.10.1988

👍 Billy Jean und 549.000.000 Fans gefällt das · Kommentieren · Teilen

 Neil Armstrong Respekt! Solche Schuhe hatten wir damals auf der Apollo 11 nicht!
1988 · Gefällt mir

 **Dr. Motte** Was sind denn das für kleine, bunte Pillen? 1989 · 🌐

👍 Walter White gefällt das · Kommentieren · Teilen

Dr. Motte hat eine Veranstaltung erstellt: **Nächtelang rumzappeln.** 1989 · 🌐

👍 Marc Antonius gefällt das · Kommentieren · Teilen

 MC Hammer hat **Weite Hosen** zu seinen Interessen hinzugefügt. 1990 · 👥

👍 Reiner Calmund gefällt das · Kommentieren · Teilen

 Kurt Cobain hat **Holzfällerhemden** zu seinen Interessen hinzugefügt. 1991 · 👥

Gefällt mir · Kommentieren · Teilen

 Thomas D hat **Dicke Pullis** zu seinen Interessen hinzugefügt. 1992 · 👥

Gefällt mir · Kommentieren · Teilen

 Smudo hat eine Veranstaltung erstellt: **Bandprobe.** 1992 · 🌐

Gefällt mir · Kommentieren · Teilen

 Smudo Bandprobe ab jetzt immer freitags!
1992 · Gefällt mir

 Thomas D Passt bei mir auch besser!
1992 · Gefällt mir

 VIVA Wir senden dann mal. 1993 · 🌐

Gefällt mir · Kommentieren · Teilen

MTV ROFL!!!! Welcher Vollpfosten soll denn bei euch moderieren?
1993 · Gefällt mir

 Stefan Raab Ich hätt Wok ... ähhh Bock!
1993 · 👍 Mola Adebisi gefällt das.

 Stefan Raab hat eine Veranstaltung erstellt.
Vivasion auf VIVA 1993 · 🌐

 📅 Teilnehmen

Gefällt mir · Kommentieren · Teilen

 Stefan Raab Wer mein Gast ist, wird verarscht, wer nicht, auch!
1993 · 👍 Kurt Krömer gefällt das.

 Berti Vogts Ich etwa auch?
1993 · Gefällt mir

 Stefan Raab Aber Herr Bundestrainer, für SIE mache ich natürlich eine Ausnahme!
1993 · 👍 Ironie gefällt das.

 Lucy Diakovska Hab mir ne neue CD gekauft. Spice Girls heißen die ... Weiß einer, was AZIGAGZIGA für ne Abkürzung ist? 1996 · 🌐

👍 Nadja Benaissa, Vanessa Petruo und Jessica Wahls gefällt das.

 Sandy Mölling Hey, cooool, die CD hab ich auch!!!
1996 · Gefällt mir

 David Beckham Es heißt „AH zigazig Ah"! Und was das bedeutet, zeige ich euch, wenn ihr 18 seid!
1996 · Gefällt mir

 Posh Spice Hey, Becks, if you wanna be my lover, you have got to give!
1996 · 👍 David Beckham gefällt das.

 Geri Halliwell Girlpower!
1996 · Gefällt mir

 Schlagermusik hat eine Veranstaltung erstellt. 1996 ·

 Teilnehmen

Revival **Guildo Horn** und 235.883 Personen nehmen teil.

Ort: Schlagermoves, Bad-Taste-Partys, ZDF-Fernsehgarten

👍 Komische Hüte und Perücken gefällt das · Kommentieren · Teilen

 Roland Kaiser Ich mach doch nicht jeden Revivalscheiß mit. Schlager ist ernsthafte Musik!
1996 · Gefällt mir

 Howard Carpendale Da stimme ich zu. Wir Schlagerikonen müssen zusammenhalten!
1996 · Gefällt mir

 Heino Waaaaaackkkkäääääääääääääääääääääääääääääään!!!
2013 · 👍 Rammstein gefällt das.

Empfohlener Beitrag   Gesponsert · Bearbeitet ·

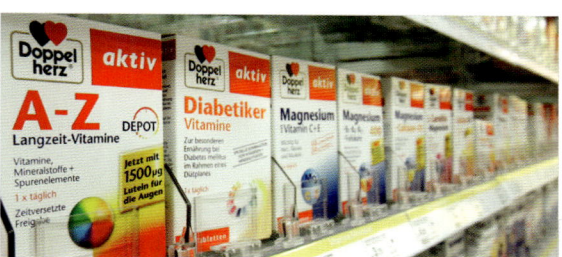

Lena Meyer-Landrut ist jetzt hier: **Oslo, Eurovision Song Contest. 2010 ·** 🌐

Gefällt mir · Kommentieren · Teilen

Lena Woaaaah, voll die krasse Freakshow hier!
2010 · 👍 Barbara Salesch gefällt das.

Deutschland Lena for president!
2010 · Gefällt mir

Christian Wulff Momentchen mal. Das will ich doch werden!
2010 · Gefällt mir

Helene Fischer ist jetzt mit **Mitgrölen** und **Fremdschämen** befreundet. 2013 · 👥

Gefällt mir · Kommentieren · Teilen

Helene Fischer läuft jetzt hier: **Hackevoll durch die Nacht.** 2014 · 👥

Gefällt mir · Kommentieren · Teilen

Andrea Berg Helene, du bist echt der Boss!
2014 · 👍 Kollegah gefällt das.

Albert, Äpfel und Atome

Die Geschichte der
Wissenschaft

Woher kommen wir? Wohin gehen wir? Und wann wirds mal wieder richtig Sommer? Es sind diese existenziellen Fragen, die seit Jahrhunderten von den tapferen Männern und Frauen der Wissenschaft beantwortet werden. Schon deshalb konnten sich Wissenschaftler stets einer besonderen Wertschätzung der herrschenden Klasse sicher sein: Mal verbrannte, mal kreuzigte und mal enthauptete man sie. Die Würdigung ihrer Erkenntnisse konnte so – ohne störende Zwischenrufe der Betroffenen – zeitnah erfolgen, im Falle der katholischen Kirche teilweise schon nach nur wenigen Jahrhunderten! So ließ der Vatikan jüngst in einer offensichtlich in Eile gefällten Entscheidung verlautbaren: Galileo Galilei hatte wohl doch nicht ganz unrecht, als er behauptete: Die Erde dreht sich um die Sonne.

In letzter Zeit lernte man die Wissenschaft als wichtigen Faktor gesellschaftlicher Entwicklung zu schätzen. Schließlich braucht es dringend ein paar helle Köpfe, um die Menschheit aus dem selbst verschuldeten Schlamassel wieder herauszuholen. Ob Ozonloch, Hungersnöte oder Gefrierbrand – die Wissenschaft findet eine Lösung!

Kompliziert wird es nur bei unübersichtlicher Erkenntnislage. Beispiel Klimawandel: Es gibt Wissenschaftler, die glauben, dass es immer wärmer wird und wir alle sterben werden. Und es gibt Wissenschaftler, die glauben, dass es immer wärmer wird – nur ohne Massensterben. Sicher ist nur eins: Wir alle werden eines Tages sterben. Vielleicht nicht unbedingt an globaler Erwärmung, sondern an einer Haselnussallergie oder durch einen Blitzschlag während eines Sommergewitters. Apropos Gewitter: Wann wirds eigentlich mal wieder richtig Sommer?

Steinzeitmann Boaaah, die Kinder sitzen den gaaaaaaanzen Tag vor der Höhlenmalerei. Die lernen doch nix!
150.000 v. Chr. · 🌐

Gefällt mir · Kommentieren · Teilen

 Steinzeitfrau Jo, ich komm auch zu nix. Lass mal Schule bauen. Wir schicken morgens alle Kinder in die herunterge-kommenste Höhle und der größte Schlauberger von uns textet die den ganzen Tag zu. So mit Wissen, weißt du?
150.000 v. Chr. · Gefällt mir

 Steinzeitlehrer ist jetzt hier: **Raucherecke.**
150.000 v. Chr. · 🌐

👍 Helmut Schmidt gefällt das · Kommentieren · Teilen

 Steinzeitmann Supergeil, das mit der Schule. Sollte für die ganze Steinzeitwelt umgesetzt werden. 150.000 v. Chr. · 🌐

Gefällt mir · Kommentieren · Teilen

 Steinzeitpolitiker Bildung ist LÄNDERSACHE!
150.000 v. Chr. · 👍 CSU gefällt das.

 Eiszeit hat **Gletscher** zu ihren Interessen hinzugefügt.
50.000 v. Chr. · 👥

Gefällt mir · Kommentieren · Teilen

 Neandertalermann Ganz schön frisch hier. Wir müssen dringend mal erforschen, warum es so eiskalt wird.
50.000 v. Chr. · 🌐

Gefällt mir · Kommentieren · Teilen

 Neandertalerfrau In der Sonne ist es erträglich!
50.000 v. Chr. · Gefällt mir

 Neandertalerkind Like ice in the sunshine?
50.000 v. Chr. · 👍 Schöller und Langnese gefällt das.

 Scrat Die Eiszeit geht mir langsam auf die Nüsse!
2012 · Gefällt mir

 Thales ▶ **Pythagoras** 550 v. Chr. · 🌐
Deine Skatkumpels warten. Leg die Feder weg und komm
endlich in die Taverne!

Gefällt mir · Kommentieren · Teilen

 Pythagoras ▶ **Thales** 550 v. Chr. · 🌐
Nur noch einen Satz!

Gefällt mir · Kommentieren · Teilen

 Wissenschaft hat eine Veranstaltung erstellt. 350 v. Chr. · 🌐

🗓 Teilnehmen

Suche nach dem versunkenen Kontinent Atlantis
1451 Personen nehmen teil

 Ranga Yogeshwar gefällt das · Kommentieren · Teilen

 Atlantis Wir sind untergetaucht!
350 v. Chr. · Gefällt mir

Edward Snowden Ist es ein empfehlenswertes Versteck?
2014 · Gefällt mir

Titanic Na ja, nach 70 Jahren ist die Ruhe vorbei und du wirst zum Filmstar.
2014 · 👍 James Cameron gefällt das.

Terra X Wir haben was gefunden!
2014 · Gefällt mir

Titanic Atlantis?
2014 · Gefällt mir

Terra X Ne, einen neuen Sendungstitel: „Terra X erklärt die Mythen der Meere". Untertitel: „Wo liegt eigentlich Atlantis, was machen Meerschweinchen bei Ebbe und ist Käpt'n Iglo wirklich ein richtiger Kapitän?"
2014 · Gefällt mir

Ägypter haben **Astrologie** zu ihren Interessen hinzugefügt.
44 v. Chr. · 👥

Gefällt mir · Kommentieren · Teilen

Astro TV Ich sehe, ich sehe … mich in 1.960 Jahren auf Sendung gehen.
44 v. Chr. · Gefällt mir

Julius Cäsar Erstellt ihr auch Horoskope?
44 v. Chr. · Gefällt mir

Ägypter Welches Sternzeichen?
44 v. Chr. · Gefällt mir

Julius Cäsar Krebs.
44 v. Chr. · Gefällt mir

Ägypter Das Jahr 44 vor Christus steht im Zeichen wichtiger persönlicher Veränderungen!
44 v. Chr. · 👍 Brutus gefällt das.

Julius Cäsar Geht das vielleicht ein bisschen genauer?
44 v. Chr. · Gefällt mir

Astro TV Na klar, für 2,99 pro Minute.
1995 · Gefällt mir

Sonnenfinsternis hat eine Veranstaltung erstellt.
1542 ·

| **⊞ Teilnehmen** |

Verarschung indigener Völker und anderer leichtgläubiger Urwaldbewohner

16.956 Personen nehmen teil

Gefällt mir · Kommentieren · Teilen

Sonnenfinsternis Hoppla, hier komme ich! Die Welt geht jetzt unter. 1542 · ⊕
Gefällt mir · Kommentieren · Teilen

Inkawissenschaftler Ja, ja. Verarschen kann ich mich alleine!
1542 · 👍 Jenny Elvers-Elbertzhagen gefällt das.

Verona Feldbusch Geht das denn wirklich?
2002 · Gefällt mir

Inkas Hiiiiiilffeeeee, die Sonne ist weg! Wir werden alle hier im Dschungel sterben!
1542 · 👎 Dirk Bach gefällt das nicht.

Inkahäuptling Ich bin ein Häuptling, holt mich hier raus!
1542 · Gefällt mir

Sonja Zietlow Machen wir! Es müssen nur ein paar klitzekleine Prüfungen bestanden werden.
2012 · 👍 Joey Heindle und Désirée Nick gefällt das.

Sonnenfinsternis War nur Spaß! Wir sehen uns jetzt alle 231 Jahre bei euch im Dschungel – oder eben auch nicht.
1542 · Gefällt mir

Sonja Zietlow Oder immer im Januar ...
2012 · Gefällt mir

Galileo Galilei Ich sag, wie es ist: Die Erde und alle anderen Planeten drehen sich um die Sonne. So. 1610 · 🌐

Gefällt mir · Kommentieren · Teilen

Papst Tut sie nicht!
1610 · Gefällt mir

Galileo Galilei Tut sie doch!
1610 · Gefällt mir

Papst Tut sie nicht!
1610 · Gefällt mir

Galileo Galilei Tut sie doch!
1610 · Gefällt mir

Papst Tut sie nicht!
1610 · Gefällt mir

Galileo Galilei Tut sie doch!
1610 · Gefällt mir

Teletubbies Noch mal, noch mal!
1997 · Gefällt mir

Papst hat **Scheiterhaufen** zu seinen Interessen hinzugefügt.
1633 · 👥

Gefällt mir · Kommentieren · Teilen

Galileo Galilei Naaaaaaaaa gut. Tut sie NICHT!
1633 · Gefällt mir

Philosophie hat eine Veranstaltung erstellt. 1650 · 🌐

 Teilnehmen

Suche nach dem Sinn des Lebens 900.000.000 nehmen teil

👍 Jean-Paul Sartre, Lindsay Lohan, Club 27 und 42 gefällt das · Kommentieren · Teilen

Philosophie Danke für die Likes, Jungs und Mädels, aber was ist denn nun der Sinn des Lebens? 1650 · 🌐

Gefällt mir · Kommentieren · Teilen

 NSA 01000100 01100001 01110011 00100000 01001100 01100101 01100010 01100101 01101110
1996 · 👍 thematrixer.com gefällt das.

 Kim Kardashian 90 – 60 – 90 + x
2012 · 👍 Kayne West und J. Lo gefällt das.

 Bobby McFerrin Be Happy
1988 · 👍 Pharrell Williams gefällt das.

 Eva Herman Gedeckter Apfelkuchen, goldbraun gebacken!
1999 · Gefällt mir

 Internetnutzer Momentchen, ich google das mal. Hmmm ...
2014 · Gefällt mir

 Google Komm, Alter, ich weiß das zwar. Aber DIR werd ich das bestimmt nicht sagen.
2014 · Gefällt mir

Isaac Newton hat **Äpfel** zu seinen Interessen hinzugefügt.
1686 · 👥

👍 **Steve Jobs** gefällt das · Kommentieren · Teilen

Isaac Newton Habe mir das Gravitationsgesetz ausgedacht.
Kurz gesagt: Alles zieht sich an! 1686 · 🌐

Gefällt mir · Kommentieren · Teilen

Micaela Schäfer Ich mich etwa auch? 😞
2013 · 👍 **Kayne West** und **J.-Lo** gefällt das.

Guido Maria Kretschmer Mensch, Isaac, deine Perücke braucht
ja eine eigene Postleitzahl. Wie wärs mal mit einer schicken
Kurzhaarfrisur?
2014 · 👍 **Udo Walz** gefällt das.

Gregor Mendel ist jetzt hier: **Gemüsegarten.** 1856 · 🌐
Gefällt mir · Kommentieren · Teilen

Gefällt mir · Kommentieren · Teilen

Gregor Mendel hat **Erbsen** zu seinen Interessen hinzugefügt.
1856 · 👥

Gefällt mir · Kommentieren · Teilen

Prinzessin auf der Erbse Autsch!
1995 · Gefällt mir

Mönch Aber Bruder Mendel! Was treibt Ihr bloß die ganze Zeit
im Gemüsegarten? 1856 · 🌐

Gefällt mir · Kommentieren · Teilen

 Gregor Mendel Sex.
1856 · Gefällt mir

 Mönch WTF????
1856 · Gefällt mir

 Erbsen Das haben wir uns spannender vorgestellt.
1856 · Gefällt mir

 Charles Darwin Das haut jetzt bestimmt rein, aber ich bin mir sicher: Der Mensch stammt vom Affen ab! 1859 · 🌐

👍 Peter Fox gefällt das · Kommentieren · Teilen

 Kirche Was soll das heißen: Wir sind ein Planet der Affen?
1995 · 👍 Filmindustrie gefällt das.

 Evolution hat einen Link geteilt. 1859 · 🌐

Naturforscher Charles Darwin behauptet: „Arten entwickeln sich durch Evolution, nicht durch Gott!"
1859 THE TIMES

Gefällt mir · Kommentieren · Teilen

 Gott Was soll denn dieser ganze Affenzirkus?
1859 · Gefällt mir

 Evolution Kurz gesagt: Die Entwicklung der Arten folgt Regeln!
1859 · Gefällt mir

 Gott Zum Beispiel?
1859 · Gefällt mir

Evolution Unnütze Verhaltensweisen und Dummheit haben keine Chance im Tierreich!
1859 · Gefällt mir

 Gina-Lisa Lohfink Voll krass. Echt ma?
2013 · Gefällt mir

 Evolution Echt. Na gut, Ausnahmen gibt es anscheinend immer wieder.
1859 · Gefällt mir

 Gina-Lisa Lohfink Voll krass. Echt ma?
2013 · Gefällt mir

 Evolution Echt. Das war jetzt zum Beispiel eine dumme Frage.
1859 · Gefällt mir

 Gina-Lisa Lohfink Voll krass. Echt ma?
2013 · Gefällt mir

 Evolution Echt. Sag mal, gibt es eigentlich noch mehr von deiner Art?
1859 · Gefällt mir

 Gina-Lisa Lohfink Jede Menge!
2013 · 👍 Heidi Klum, DSDS und Dschungelcamp gefällt das.

 Daniela Katzenberger Darf ich jetzt auch mal was sagen?
2013 · Gefällt mir

 Paris Hilton Und ich??
2013 · Gefällt mir

 Britney Spears Oops, I did it again!
2013 · Gefällt mir

 Evolution ▶ **Darwin** 1859 · 🌐

Irgendetwas mache ich falsch!!

Gefällt mir · Kommentieren · Teilen

 Alfred Nobel Scheiße, hab meinen Rasen gesprengt!
1866 · 🌐

Gefällt mir · Kommentieren · Teilen

Erfinder des Dynamits ruft Nobelpreise ins Leben
1896 STOCKHOLM NYHETER

Gefällt mir · Kommentieren · Teilen

 Alfred Nobel Mit Geld will ich das unterstützen, was Menschen nützlich ist!
1896 · Gefällt mir.

 Weltraumforschung Teflonpfannen?
1955 · 👍 Home-Shopping Europe gefällt das.

 Frieden Kann ich mich auch bewerben?
1896 · Gefällt mir

 Obama Yes, you can!
2009 · Gefällt mir

 Sigmund Freud Kann ich den auch gewinnen?
1896 · Gefällt mir

 Obama No, you can't.
2009 · Gefällt mir

 Sigmund Freud Man wird ja wohl noch träumen dürfen!
1932 · Gefällt mir

 Conrad Röntgen Ich hab euch alle durchschaut! 1895 · 🌐
Gefällt mir · Kommentieren · Teilen

Gefällt mir · Kommentieren · Teilen

Suche nach Personen, Orten und Dingen

Charles Darwin

Chronik **Info** **Freunde**

Info

🖼 Arbeitet als
Selbstständiges Genie

🏠 Wohnt in **HMS Beagle**

📍 Aus **Shrewsbury**

Fotos · 65

Filme · 87

Planet der Affen

Species

King Kong

Alien

Orte · 2986

Galapagos-Inseln

Royal Society

HMS Beagle

Charles Darwin   Startseite   Freunde finden

✓ Freunde ▼   ✓ Nachricht   Folgen   ⚙ ▼

Mehr ▼

„Gefällt mir"-Angaben · 13

Auslese

DNA

Mutationen

Fit in 4 Wochen

Survival-Training

Klonschaf Dolly

Rezensionen

Die Bibel
★★★★★

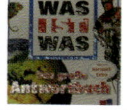 
WAS IST WAS
Das große Antwortbuch
★★★★★

Tipps und Tricks für die Rassehundezucht
★★★★★

Finken haben ihren Profilnamen in **Darwin-Finken** umbenannt.

Die Kirche hat deinen Post kommentiert: „Mensch, Charlie, wir geben es ja zu: Die Erde IST eine Kugel und keine Scheibe. Und ja – sie dreht sich um die Sonne. Aber die Nummer mit den Affen ist jetzt ECHT TOO MUCH!"

Dr. Cornelius   Mobil •

Dr. Zira   5h 📱

General Thade   40 Min 📱

Virgil   Mobil •

Attar   Mobil •

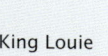
Ari   Mobil •

King Kong   Mobil •

Monkey   3h 📱

King Louie   Mobil •

Cheetah   Mobil •

Noah   Mobil •

🔍 Search   ⚙ ✑

Albert Einstein Danke für die vielen Geburtstagswünsche – war eine tolle Feier. Sind alle gut nach Hause gekommen? 1909 · 🌐

Gefällt mir · Kommentieren · Teilen

Niels Bohr Relativ schnell!
1909 · Gefällt mir

Otto Hahn Relativ spät!
1909 · Gefällt mir

Robert Koch Relativ besoffen!
1909 · Gefällt mir

Albert Einstein. Ich hab da mal eine Theorie … Also. Ich führe die Gravitation auf eine Krümmung von Raum und Zeit zurück, die unter anderem durch die beteiligten Massen verursacht wird. Hmmmm??? Was sagt ihr? 1915 · 👥

Gefällt mir · Kommentieren · Teilen

Cindy aus Marzahn Versteh ick nich.
2012 · Gefällt mir

Albert Einstein Sagt mal, muss man bei Facebook eigentlich mit jedem reden?
1909 · Gefällt mir

Cindy aus Marzahn Ja. Muss man.
2012 · 👍 Mark Zuckerberg gefällt das.

Albert Einstein Also gut. Extrem MASSEREICHE OBJEKTE krümmen den Raum und damit auch die „Flugbahn" von Lichtstrahlen.
1909 · Gefällt mir

Cindy aus Marzahn Versteh ick ooch nich.
2012 · Gefällt mir

Albert Einstein Einfach gesagt: Durch die Raumkrümmung könntest DUUUU deinen eigenen Arsch von hinten sehen!
1909 · Gefällt mir

Cindy aus Marzahn Krass Alter! Voll die Info!
2012 · Gefällt mir

 Werner Heisenberg hat sein Profilbild geändert. 1927 · 🌐

👍 **Walter White** und **Gerhard Richter** gefällt das · Kommentieren · Teilen

Werner Heisenberg erhält Nobelpreis für die „Heisenbergsche Unschärferelation"

1933 BERLINER ZEITUNG

Gefällt mir · Kommentieren · Teilen

 Atombombe ist jetzt hier: **Hiroshima.** 1945 · 🌐

👍 **Niemand** gefällt das · Kommentieren · Teilen

 Albert Einstein Uuuups!?!
1945 · Gefällt mir

 Cindy aus Marzahn Soooo, wer ist hier jetzt der Riesenarsch? Dit haste nu von deiner janzen Forscherei.
2012 · Gefällt mir

Raumschiff Enterprise ist jetzt hier: **Wo nie ein Mensch zuvor gewesen ist.** 1966 · 🌐

Gefällt mir · Kommentieren · Teilen

Atomkatastrophe von Tschernobyl
Kernschmelze eingetreten, radioaktives Cäsium 137 ausgetreten
BILD–ZEITUNG 1986

Gefällt mir · Kommentieren · Teilen

Sowjetunion Was heißt hier „Katastrophe"? War nur ne Übung. Mit einem bisschen frischer Farbe ist das schnell behoben.
1986 · 👍 Tine Wittler und Hornbach gefällt das.

Der Hundertjährige, der aus dem Fenster stieg und verschwand Und keiner weiß, wers wirklich war …
1986 · Gefällt mir

Deutschland Was zum Teufel wolltet ihr denn testen? Wie man sich maximal zum Deppen machen kann?
1986 · Gefällt mir

RTL Dschungelcamp Hey, das testen wir doch schon!
2004 · 👍 Michael Wendler gefällt das.

Cs 137

Cäsium 137 ist jetzt hier: **Wolke 7.** 1986 · 🌐

Gefällt mir · Kommentieren · Teilen

Nordeuropa Hoffentlich gibts keinen Regen! 1986 · 🌐

Gefällt mir · Kommentieren · Teilen

Regen Ich bin jetzt auch echt sauer!
1986 · Gefällt mir

Deutsche Regierung Deutsche Bauern! Die radioaktive Wolke kommt: Die Kühe müssen in den Stall! 1986 · 🌐

Gefällt mir · Kommentieren · Teilen

Milka-Kuh Ich schaffs nicht mehr rechtzeitig! Hm, aber die neue Farbe gefällt mir.
1986 · Gefällt mir

Raumfähre Challenger hat ihren Beziehungsstatus geändert: **Von Raketenstufe 1 getrennt.** 1986 · 🌐

Gefällt mir · Kommentieren · Teilen

Raumfähre Challenger hat ihr Profilbild geändert. 1986 · 🌐

Gefällt mir · Kommentieren · Teilen

Klimawandel hat eine Veranstaltung erstellt. 1995 · 🌐

 Teilnehmen

Globale Erwärmung 7.200.000.000 nehmen teil

👍 Nivea Sun gefällt das · Kommentieren · Teilen

 Gletscher Hier stimmt doch was nicht!
1995 · Gefällt mir

 Eisberg Puhhhh, mir ist auch irgendwie ganz komisch ...
1995 · Gefällt mir

 Titanic Haha!
1995 · Gefällt mir

 Klimaforscher Stoppt die CO2-Emissionen!
1995 · Gefällt mir

 CO2 Nun macht mal halblang – wer kann denn bitte beweisen, dass ich schuld bin?
1995 · 👍 Jörg Kachelmann gefällt das.

 Eisberg Hier!!! Blubb, spuck, ich ertrin...
1995 · Gefällt mir

 Ötzi Ich bin wieder da!
1995 · 👍 DJ Ötzi gefällt das.

Eisbär hat **Seepferdchen** und **Freischwimmer** zu seinen Interessen hinzugefügt. 1995 · 👥

Gefällt mir · Kommentieren · Teilen

Eisbrecher hat **Berufliche Umschulungsmaßnahmen** zu seinen Interessen hinzugefügt. 1995 · 👥

Gefällt mir · Kommentieren · Teilen

Nordeuropa hat **Rotweinanbau** zu seinen Interessen hinzugefügt. 1995 · 👥
Gefällt mir · Kommentieren · Teilen

Gefällt mir · Kommentieren · Teilen

Udo Jürgens Na toll – und was wird aus meinem Dauerbrenner „Griechischer Wein"?
1995 · Gefällt mir

Klonschaf Dolly ist jetzt mit **Klonschaf Dolly** befreundet. 1996 · 🌐

Gefällt mir · Kommentieren · Teilen

Marschbauer Wozu klont ihr Schafe? Wir haben davon jede Menge auf dem Deich rumstehen!
1996 · 👍 Deichkind gefällt das.

Wissenschaft Eines Tages könnten wir auch Menschen klonen!
1996 · Gefällt mir

China Wozu klont ihr Menschen? Wir haben davon mehr als eine Milliarde hier in China rumstehen!
1996 · Gefällt mir

Kaya Yanar Und die sehen auch alle gleich aus!
1996 · 👍 Vorurteil gefällt das.

Gentechnik Wir können jetzt sogar Hasen ohne Ohren züchten!
1996 · 👍 Til Schweiger gefällt das.

Atomkraftwerk Fukushima hat eine Veranstaltung erstellt.
Einfach mal in die Luft fliegen 2011 · 🌐

Gefällt mir · Kommentieren · Teilen

Islamistischer Terrorist hat eine Veranstaltung erstellt.
Einfach mal in die Luft fliegen 2011 · 🌐

Gefällt mir · Kommentieren · Teilen

Atomkraft Nachmacher!
2011 · Gefällt mir

Islamistischer Terrorist Mein Chef wird mich
dafür mit dem Paradies belohnen!
2011 · Gefällt mir

Atomkraft Dafür sagt meine Chefin, ich kann
einfach mal abschalten!
2011 · 👍 Robinson-Club gefällt das.

Angela Merkel So ist es! Schluss mit Atomkraft,
aber echt jetzt mal!
2011 · 👍 Wasserkraft, Solarenergie und Windkraft gefällt das.

CO2 Darf *ich* dann also wieder ran?
2011 · 👍 RWE, E.ON und Braunkohle gefällt das.

Klimaforscher Hey! Kann hier mal einer auf die
Wissenschaft hören?
2011 · Gefällt mir

Al Gore Aber das wird eine unbequeme Wahrheit.
2011 · Gefällt mir

**Dr. Karl-Theodor Maria Nikolaus Johann Jacob Philipp
Franz Joseph Sylvester Freiherr von und zu Guttenberg**
hat seinen Profilnamen in **Karl-Theodor Maria Nikolaus
Johann Jacob Philipp Franz Joseph Sylvester Freiherr von
und zu Guttenberg** umbenannt. 2011 · 🌐

Gefällt mir · Kommentieren · Teilen

Karl-Theodor Maria Nikolaus Johann Jacob Philipp Franz Joseph Sylvester Freiherr von und zu Guttenberg ist nicht mehr hier: **Bundesministerium der Verteidigung.** 2011 · 🌐

Gefällt mir · Kommentieren · Teilen

Dr. Guido Westerwelle LOL!
2011 · Gefällt mir

Dr. Angela Merkel LOL!
2011 · Gefällt mir

Dr. House LOL!
2011 · Gefällt mir

Dr. Sommer Probleme? Schreib mir doch mal!
2011 · Gefällt mir

Deutscher Student Das mit dem Doktor ist mir sowieso zu kompliziert. Ein Bachelor tuts doch auch.
2011 · 👍 Georgina Fleur gefällt das.

Wissenschaft Sind wir eigentlich alleine im All? Oder ist da draußen noch wer? 2012 · 🌐

Gefällt mir · Kommentieren · Teilen

Alien 1 Wenn wir es wären, würden wir euch das sicher nicht verraten.
2012 · Gefällt mir

Alien 2 Au, verdammt! Was machen denn die beiden Anzugträger mit den Sonnenbrillen hier?
2012 · Gefällt mir

Men in Black Guck mal: Blitzdings!
2012 · Gefällt mir

Alien 2 Wo bin ich, wer bist du und was ist das hier für ein komischer Planet, auf dem man 124 Staubsaugerbeutelsorten bekommt, aber keine Frischhaltefolie, die mal NICHT in gedehnten Fetzen an der Hand ... und dann arggghhh ... immer das ... schhhhhheeeeeiben ..dm dsoin sd&%!!!DD Ddsfahhhhhaaaa!!
2012 · Gefällt mir

NASA hat einen Link geteilt. 2012 · 🌐

Curiosity-Sonde auf dem Mars gelandet
2012 NEW YORK TIMES

Gefällt mir · Kommentieren · Teilen

Curiosity Hurra, ich bin gelandet! Ein Meilenstein in der Erforschung des Weltalls!!
2012 · Gefällt mir

NASA Und was hast du gefunden?
2012 · Gefällt mir

Curiosity Ähmmm, nun ja. Da wäre zunächst einmal Sand ...
2012 · Gefällt mir

NASA Sie hat Sand gefunden!!!!! Waaahnsinn!
2012 · Gefällt mir

Curiosity Und dann natürlich noch, tja ... ähhh ... Steine.
2012 · Gefällt mir

NASA Dem Herrgott seis gedankt. Steine, Leute!! Sie hat tatsächlich STEINE gefunden!!!!!
2012 · Gefällt mir

Curiosity Genau. Sogar sehr viele Steine. Hier ist genau genommen alles voll mit Steinen. Und natürlich mit Sand.
2012 · Gefällt mir

NASA VIELE STEINE???!!! Das ist wirklich viel mehr, als wir zu hoffen gewagt haben – für 2,5 Milliarden Dollar.
2012 · 👍 Rolling Stones gefällt das.

 Stephen Hawking ▶ **Papst** 2012 · 🌐
Es gibt keinen Gott! Man muss es nur beweisen!

Gefällt mir · Kommentieren · Teilen

 Papst ▶ **Stephen Hawking** 2012 · 🌐
Es gibt einen Gott! Man muss nur dran glauben!

Gefällt mir · Kommentieren · Teilen

 Stephen Hawking ▶ **Papst** 2012 · 🌐
Ich trete dir gleich in den Arsch!

Gefällt mir · Kommentieren · Teilen

 Papst ▶ **Stephen Hawking** 2012 · 🌐
Das will ich sehen!

Gefällt mir · Kommentieren · Teilen

 Driss Keine Arme, keine Schokolade ...
2012 · Gefällt mir

 Drei Einarmige beim Pokern Mischen impossible!
2012 · Gefällt mir

 **Mathematik** hat eine **Primzahl** geteilt. 2056 · 🌐

Gefällt mir · Kommentieren · Teilen

Dichter, Denker,
Dosenbier

Die Geschichte der
Literatur

Seit 1995 wird der große Tag gefeiert, immer am 23. April. Klar, wir alle kennen ihn, die meisten von uns haben sich den 24. April standardmäßig als Urlaubstag reserviert, um sich von den wilden Feierlichkeiten zu erholen. Es ist unbestritten: Der 23. April ist einer der wichtigsten Feiertage des Jahres, es ist nämlich der … Welttag des Buches! An diesem Tag wird der Literatur gehuldigt, werden Dichter geehrt, wird gelesen, bis der Arzt kommt. Wobei: Neuesten Studien zufolge hat im Jahr 2013 ein ganzes Viertel aller Deutschen kein einziges Buch gelesen. Ein Viertel – Leute, das ist fast die Hälfte! Klar, wir lesen unsere Sparbücher heutzutage online, Telefonbücher braucht kein Mensch mehr, seitdem Nummern in Smartphones gespeichert werden, und wer schafft es heutzutage noch, seine Aufmerksamkeitsspanne beim Lesen über die Länge einer SMS hinaus aufrechtzuerhalten?

Dennoch überrascht die Zahl der Nichtleser, bewohnen wir doch immerhin das gelobte Land der Dichter und Denker. Von daher kann es nur eine Erklärung geben: Wir Deutschen lesen heute nicht mehr so viel, weil – ist ja klar – wir in der Vergangenheit schon alles gelesen haben! Selbstverständlich kennen wir uns aus mit den großen Werken und Errungenschaften der Literatur: Wer hat das meistverkaufte Buch der Welt geschrieben beziehungsweise übersetzt (den Ikea-Katalog mal ausgenommen)? Natürlich: Martin Luther! Wer hat den Buchdruck erfunden? Gutenberg wars, und zwar Johannes (und nicht etwa Karl-Theodor, auch wenn er es behaupten sollte). Wie heißt der größte Zauberer aller Zeiten ever? Harry Potter!

Zum Abschluss ein Vorschlag zur Güte: Lasst uns die Quote der Lesenden in Deutschland wieder erhöhen, und zwar gemeinsam: Jeder schenkt seinem Liebsten oder seiner Liebsten, alternativ dem Nachbarn oder Arbeitskollegen, ein Buch, nehmen wir doch ganz uneigennützig einfach das vorliegende, zum Geburtstag. Dann geben die Autoren nächstes Jahr am 23. April allen eine Dose Bier aus, um zusammen den Welttag des Bieres, äh, Buches zu feiern!

Odysseus hat **Seefahrt** zu seinen Interessen hinzugefügt.
1150 v. Chr. · 👥

👍 **Homer** gefällt das · Kommentieren · Teilen

Kleine Meerjungfrau Komm mich mal besuchen!
1150 v. Chr. · 👍 **Piraten**, **Seeungeheuer** und **Zyklopen** gefällt das.

Sokrates Ich weiß was! 400 v. Chr. · 🌐

👍 **Philosophie** gefällt das · Kommentieren · Teilen

Platon Gratuliere, schreibs auf!
400 v. Chr. · Gefällt mir

Aristoteles Was weißt du denn?
400 v. Chr. · Gefällt mir

Sokrates Dass ich nichts weiß.
400 v. Chr. · Gefällt mir

Platon Immerhin etwas.
400 v. Chr. · Gefällt mir

Pythagoras Wer nichts weiß, ist dumm!
520 v. Chr. · Gefällt mir

Platon Was soll denn das für eine Erkenntnis sein?
Mit DEM Satz gehst du nicht in die Geschichte ein.
400 v. Chr. · Gefällt mir

Forrest Gump Mama sagt: Dumm ist der, der Dummes tut.
1994 · Gefällt mir

Lieutenant Dan Mit dem Satz gehst DU in die Geschichte ein.
1994 · Gefällt mir

Julius Cäsar De bello Gallico ist fertig! Ab sofort Pflichtlektüre für alle Schüler Roms. 50 v. Chr. · 🌐

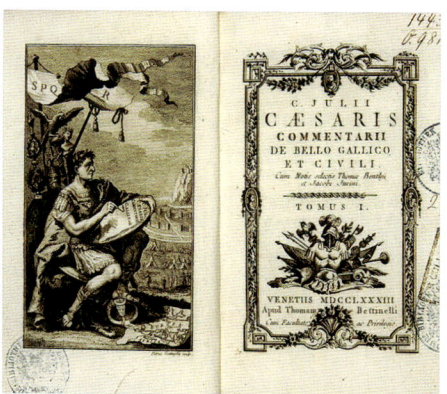

Gefällt mir · Kommentieren · Teilen

Vercingetorix Heftiger Shit. Am Ende gewinnen die Römer!
50 v. Chr. · Gefällt mir

Julius Cäsar Tja, veni, vidi, vici.
50 v. Chr. · Gefällt mir

Germanen Wir verstehen nur Bahnhof, Latein spricht bei uns kein Mensch. Wie heißt das Buch denn auf Deutsch?
50 v. Chr. · Gefällt mir

Gallier „Über das schöne Gallien". Scheint eine Art Reiseführer zu sein.
50 v. Chr. · 👍 **Lonely Planet** und **Völkerwanderung** gefällt das.

Pontius Pilatus Ich hab das Gefühl, für Jesus wirds höchste Zeit, sein Testament zu machen. *frechgrins* 33 · 🌐

Gefällt mir · Kommentieren · Teilen

Maria und Josef Also, wir sehen da momentan keinen Bedarf. Wir haben ja sonst auch noch das alte Testament da.
33 · Gefällt mir

Judas Ist das denn noch aktuell? Steht da auch drin, was aus seinem Erbe wird?
33 · Gefällt mir

Pontius Pilatus Ich hab das einfach im Urin, dass es für ihn sinnvoll wär, ein neues zu schreiben. LOL!
33 · Gefällt mir

Petrus Oh, oh, ich sehe dunkle Wolken aufziehen.
33 · 👍 Jörg Kachelmann gefällt das.

Dieses Profil existiert nicht mehr. 33 · 🌐

Gefällt mir · Kommentieren · Teilen

Lukas Hm, das mit dem Testament hat er jetzt wohl nicht mehr geschafft.
33 · Gefällt mir

Markus Und nu?
33 · Gefällt mir

Matthäus Dann müssen wir wohl ran. Vorschlag: Jeder schreibt die Sache aus seiner Sicht auf und dann hauen wir am Ende alles zusammen in ein Buch.
33 · Gefällt mir

Johannes Gute Idee, so ne Art Super-Biografie ...
33 · 👍 Christentum gefällt das.

Martin Luther Habe die Bibel jetzt mal schnell ins Deutsche übersetzt und ein paar Sachen aktualisiert. 1522 · 🌐

Gefällt mir · Kommentieren · Teilen

Katholiken Wir protestieren!
1522 · Gefällt mir

Martin Luther Brauche ein paar fleißige Schreibkräfte, um das Werk zu vervielfältigen. Keine große Denksache, es muss einfach nur abgeschrieben werden.
1522 · Gefällt mir

Messdiener Wir wär es denn mit Drucken statt Abschreiben? Hat Gutenberg nicht gerade den Buchdruck erfunden?
1522 · Gefällt mir

Karl-Theodor Maria Nikolaus Johann Jacob Philipp Franz Joseph Sylvester Freiherr von und zu Guttenberg
Ach, Schnickschnack, abschreiben geht viel schneller.
2011 · Gefällt mir

Romeo und **Julia** haben ihren Beziehungsstatus geändert: **Es ist kompliziert.** 1597 · 🌐

👍 William Shakespeare gefällt das · Kommentieren · Teilen

Robinson Crusoe ist jetzt hier: **Einsame Insel.** 1719 · 🌐

Gefällt mir · Kommentieren · Teilen

Robinson Crusoe Nicht viel los hier.
1719 · Gefällt mir

Robinson Crusoe hat **Chillen** zu seinen Interessen hinzugefügt. 1719 · 👥

👍 Café del Mar gefällt das · Kommentieren · Teilen

Johann Wolfgang von Goethe Verdammt, nichts reimt sich auf Uschi! 1768 · 🌐

👍 Thunfisch gefällt das · Kommentieren · Teilen

Johann Wolfgang von Goethe hat einen Link geteilt. 1774 · 🌐

Goethe veröffentlicht Briefroman, in dem ein junger, verzweifelter Mann an einen Freund schreibt und ihm seine unerfüllte Liebe zu einer verlobten Frau schildert

1774 WEIMARER BOTE

👍 Deutsche Post und Werther's Original gefällt das · Kommentieren · Teilen

 E-Mail Was bitte ist ein Briefroman?
1996 · Gefällt mir

Johann Wolfgang von Goethe Quizfrage: Wer reitet so spät durch Nacht und Wind? 1782 · 🌐

👍 **Quizduell** gefällt das · Kommentieren · Teilen

Karl May Old Shatterhand?
1893 · Gefällt mir

Jules Verne Der Kurier des Zaren?
1876 · Gefällt mir

Johann Wolfgang von Goethe Kleiner Tipp: Es sind zwei Leute und es reimt sich.
1782 · Gefällt mir

Enid Blyton Hanni und Nanni?
1941 · Gefällt mir

Torfrock Klaus und Klaus?
1985 · Gefällt mir

Johann Wolfgang von Goethe Au Backe, sind das die Geister, die ich rief?
1782 · 👍 **Zauberlehrling** gefällt das.

Schauspielhaus Frankfurt hat eine Veranstaltung erstellt.
1784 · 🌐

📅 Teilnehmen

Uraufführung von Friedrich Schillers „Kabale und Liebe"
Zeit: 13.4.1784

Gefällt mir · Kommentieren · Teilen

Johann Wolfgang von Goethe Geiler Titel, Friedi, worum gehts denn in dem Stück?
1784 · Gefällt mir

Friedrich Schiller Ferdinand steht auf Luise und Luise steht auf Ferdinand. Die Väter sind aber gegen die Beziehung und legen ihnen jede Menge Steine in den Weg. Also Intrigen bis zum Abwinken, das volle Programm!
1784 · Gefällt mir

Johann Wolfgang von Goethe Ein Trauerspiel! Ich drück den beiden die Daumen, dass sie zueinanderfinden und es nicht so endet wie bei den Italienern in Verona.
1784 · Gefällt mir

Casanova Das wird schon. Ferdi soll sich mal ein bisschen ins Zeug legen und ihr ordentlich den Hof machen. Kleiner Tipp: Frauen stehen auf Geschenke!
1784 · Gefällt mir

Blume 2000 z. B. auf einen Strauß roter Rosen.
2000 · 👍 Valentinstag gefällt das.

Blume 2000 Übrigens: Wir binden jetzt auch gern.
2000 · Gefällt mir

Meat Loaf I'd Do Anything for Love.
1993 · Gefällt mir

Sat.1 Nur die Liebe zählt!
1995 · 👍 Kai Pflaume gefällt das.

Brüder Grimm haben **Rote Caps** zu ihren Interessen hinzugefügt. 1812 · 👥

👍 Wolf gefällt das · Kommentieren · Teilen

Frau Holle Es schneit!
1812 · 👍 Weihnachtsmann gefällt das.

Schneewittchen ist jetzt hier: **Im tiefen Wald.** 1812 · 🌐

Gefällt mir · Kommentieren · Teilen

 Schneewittchen Ich bin total fertig. Hungrig wie ein Löwe und gleichzeitig müde wie Bolle. Hoffentlich kommt hier bald ne Herberge oder so was.
1812 · Gefällt mir

 Jäger Psst, wenn die böse Königin erfährt, dass du lebst, gehts mir an den Kragen.
1812 · Gefällt mir

 Böse Königin WTF!
1812 · Gefällt mir

 Zweiter Zwerg Alter, hier hat einer von meinem Teller gegessen. 1812 · 🌐

Gefällt mir · Kommentieren · Teilen

 Fünfter Zwerg Leute, unser Geschirrspüler ist schrott: Mein Messer ist überhaupt nicht sauber!
1812 · Gefällt mir

 Siebter Zwerg Ey, erster Zwerg, hast du wieder aus meinem Becher getrunken, oder was?
1812 · Gefällt mir

 Erster Zwerg Leck mich fett, ich kann meinen Stuhl nicht finden.
1812 · 👍 Siebter Zwerg gefällt das.

 Siebter Zwerg Scheiß die Wand an: Hier liegt ne heiße Braut in meinem Bett!
1812 · 👍 Playboy gefällt das.

Heinrich von Kleist So, mein neues Stück ist fertig, bitte Link mit allen Freunden teilen und gute Rezensionen bei Amazon abgeben! 1808 · 🌐

> ### Hierauf:
> ### Zum Erstenmahle:
> # Der zerbrochene Krug.
> #### Ein Lustspiel in drei Aufzügen.

🖒 **PattexSpezialkleber** gefällt das · Kommentieren · Teilen

Deutsche Töpferinnung Mann, bist du kaputt!
1808 · Gefällt mir

Uhu Alleskleber Und das soll eine Komödie sein?
1932 · Gefällt mir

Bruce Darnell Drama, Baby!
2007 · Gefällt mir

Krösus Hahaha, da hat irgendein Russe einen Roman geschrieben, der „Arme Leute" heißt, echt witziger Titel! 1846 · 🌐

> ### F. M. Dostojewski
> # Arme Leute
> # Der Doppelgänger
> #### Zwei Romane

🖒 **Peter Zwegat** gefällt das · Kommentieren · Teilen

Karl Marx Was ist denn lustig daran, arm zu sein?
1846 · Gefällt mir

 Krösus Besser Arm dran als Arm ab! LOL
1846 · Gefällt mir

 Karl Marx Jetzt ist Schluss – Proletarier aller Länder, vereinigt euch!
1846 · 👍 Klassenkampf gefällt das.

 Das Proletariat hat eine neue Gruppe erstellt. 1846 · 🌐

Gruppe beitreten

Arbeiterbewegung

Gefällt mir · Kommentieren · Teilen

 Friedrich Engels ▶ **Karl Marx** 1846 · 🌐
Lass uns mal was dazu aufschreiben, wir müssen das irgendwie manifestieren.

Gefällt mir · Kommentieren · Teilen

 Che Guevara Wie habt ihr das eigentlich mit dem Einfärben der Profilbilder hingekriegt? Sieht echt geil aus!
1960 · 👍 Rotfront gefällt das.

Village People haben ein Bild geteilt. 1978 · 🌐

Arbeiter an die Macht!

👍 **Klaus Wowereit** gefällt das · Kommentieren · Teilen

Käpt'n Ahab Morgen geh ich auf Walfang! 1851 · 🌐

👍 **Herman Melville** und **Japan** gefällt das · Kommentieren · Teilen

Moby Ach, lass mich doch in Ruhe!
1851 · 👍 **Greenpeace** gefällt das.

Käpt'n Ahab Abwarten, mein Dicker.
1851 · Gefällt mir

Moby Hey, ich bin nicht dick!
1851 · 👍 **Obelix** gefällt das.

Käpt'n Ahab Das kommt auf dem Foto aber anders rüber

1520 · Gefällt mir

Superdickmann's Mann, ist der Dickmann!
2006 · Gefällt mir

Moby Gar nicht! Das Bild ist doch retuschiert, ich habe eine fantastische Figur!
1851 · Gefällt mir

Heidi Klum Du bist wunderschön. Aber das allein reicht leider nicht aus. Moby, mit DEM Foto kommst du nicht weiter.
2006 · Gefällt mir

Kleider machen Leute. In der Novelle von Gottfried Keller gelingt einem einfachen Schneidergesellen der Aufstieg, indem er sich fein anzieht!
1874 ZÜRCHER ZEITUNG

👍 **Karl Lagerfeld** gefällt das · Kommentieren · Teilen

Leonardo di Caprio Muss ich lesen ...
2010 · Gefällt mir

Empfohlener Beitrag   Gesponsert · Bearbeitet ·

Spielfilm-Highlights auf VOX

Gefällt mir · Kommentieren · Teilen

Verlag Ernst Schmeitzner Unsere Neuerscheinung des Monats: 1883 · 🌐

Gefällt mir · Kommentieren · Teilen

Richard Strauss Göttlich!
1883 · Gefällt mir

Friedrich Nietzsche Gott ist tot!
1883 · 👍 Albert Camus gefällt das.

Gott Hallo? Habt ihr sie noch alle?!
1883 · Gefällt mir

Menschheit Wir sind etwas verunsichert, so viel Krieg, so viel Ungerechtigkeit. Gott, wenn es Dich gibt, dann gib uns ein Zeichen!
1883 · Gefällt mir

Diego Armando Maradona Die Hand Gottes!

1986 · Gefällt mir

Dorian Gray hat **Spiegel** zu seinen Interessen hinzugefügt.
1890 · 👥

👍 Oscar Wilde und Germany's Next Topmodel gefällt das · Kommentieren · Teilen

 Dorian Gray Gut seh ich aus! Spieglein, Spieglein an der Wand ... 1890 · 🌐

Gefällt mir · Kommentieren · Teilen

 Schneewittchen Aufgepasst, mein Bester. Der Spruch kann schnell nach hinten losgehen, LOL.
1890 · Gefällt mir

 Dorian Gray Danke für den Tipp. Vielleicht sollte ich mich besser malen lassen? So ein Bildnis ist ja auch was Feines und vor allem etwas für die Ewigkeit!
1890 · 👍 Mona Lisa gefällt das.

 Effie Briest hat ihren Beziehungsstatus geändert in: **Mit Baron von Innstetten** verheiratet. 1894 · 🌐

Gefällt mir · Kommentieren · Teilen

 Madame Bovary ▶ Effie Briest 1894 · 🌐
Gratuliere zur Hochzeit mit dem alten Mann!

Gefällt mir · Kommentieren · Teilen

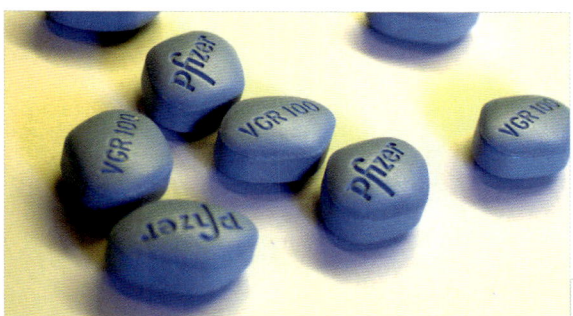

Effie Briest Danke schön. Er ist zwar mehr als doppelt so alt wie ich, aber mit 37 doch noch kein alter Mann. 1894 · 🌐

Gefällt mir · Kommentieren · Teilen

 Madame Bovary Hauptsache, es ist eine Hochzeit aus Liebe und nicht, weil die Eltern die Sache arrangiert haben.
1894 · Gefällt mir

 Effie Briest Na ja ...
1894 · Gefällt mir

 Anna Karenina Andere Mütter haben auch schöne Söhne 😜
1894 · 👍 Feminismus gefällt das.

 Franz Kafka Ich hatte heute Morgen einen echt verrückten Traum. Ich hab geträumt, ich wär ne Spinne mit Superkräften und könnte Spinnfäden aus meinen Händen rausschießen!
1912 · 🌐

Gefällt mir · Kommentieren · Teilen

 Kirsten Dunst Klingt irgendwie sexy ...
2002 · Gefällt mir

 Gregor Samsa Ich hab auch ne verrückte Nacht hinter mir. Als ich heute Morgen aus unruhigen Träumen erwachte, fand ich mich in meinem Bett zu einem ungeheuren Ungeziefer verwandelt!
1912 · 👍 Sigmund Freud und Dschungelcamp gefällt das.

 **Donald** hat seinen Beziehungsstatus geändert in: **Mit Daisy verlobt.** 1937 · 🌐

👍 Walt Disney gefällt das. 👎 Gustav Gans gefällt das nicht.

 Comicfan Wer sind eigentlich die Eltern von Tick, Trick und Track?
1937 · 👍 Unbefleckte Empfängnis und Jungfrau Maria gefällt das.

Irre! Rothaariges, schwedisches Mädchen mit Sommersprossen stemmt 500 Pfund!

1949 BILD

👍 **Superman** und **Astrid Lindgren** gefällt das · Kommentieren · Teilen

 Anika Pippi ist einfach die Stärkste!
1949 · Gefällt mir.

 Photoshop Also, ich weiß nicht ...
1996 · Gefällt mir

 George Orwell Fertig! 1949 · 🌐

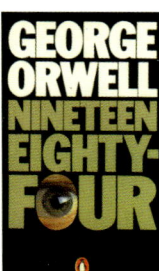

👍 **Big Brother**, **Erich Honecker** und **Google** gefällt das · Kommentieren · Teilen

 Angela Merkel Dieses Buch sollten wirklich alle Schüler gelesen haben. Es macht knallhart deutlich, wie gläsern ... Oh, nanu ... Irgendetwas stimmt mit meinem Handy nicht, da ist so ein Hall drauf ... Hallo?!
2013 · Gefällt mir

 NSA ROFL
2013 · Gefällt mir

Alter Mann ist jetzt hier: **Strand von Kuba.** 1952 · 🌐

👍 **Ernest Hemingway** gefällt das · Kommentieren · Teilen

 Alter Mann Wie schön ist das Meer! Gleich morgen angel ich mir hier was!
1952 · Gefällt mir

 Käpt'n Ahab Na dann man ran, Alter!
1952 · Gefällt mir

 J. R. R. Tolkien Habe mir eine Geschichte ausgedacht und schon ne Idee für das Buchcover. 1953 · 🌐

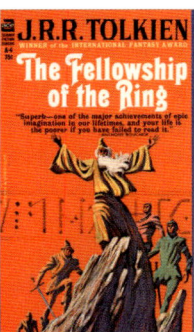

Gefällt mir · Kommentieren · Teilen

 Verlagsbranche Sieht interessant aus. Worum gehts denn?
1953 · Gefällt mir

J. R.R. Tolkien Ach, um Zauberer und sprechende Bäume, die zusammen mit Elben, Zwergen, Menschen und Hobbits gegen Orks und so ein Zeug kämpfen.
1953 · Gefällt mir

 Verlagsbranche Ist das nicht ein bisschen albern? Klingt irgendwie nach Kleinkindgeschichte. Wer soll das denn kaufen?
1953 · Gefällt mir

 J. R. R. Tolkien Im Prinzip dreht sich alles um einen Ring. Alle wollen ihn haben, denn wer ihn hat, ist quasi der König der Welt.
1953 · 👍 Hollywood gefällt das.

 Leonardo DiCaprio ICH bin der König der Welt!
1997 · Gefällt mir

 Gott Aufgepasst, mein Sohn. Wer so was behauptet, kann schnell untergehen.
1997 · Gefällt mir

 Eisberg 😜
1997 · Gefällt mir

 Verlag K. Thienemanns ▶ **Michael Ende** 1979 · 🌐
Wir freuen uns hier schon alle auf das neue Buch. Wann wird es denn fertig sein?

Gefällt mir · Kommentieren · Teilen

 Michael Ende Das zieht sich gerade etwas, hab das Gefühl, das wird ne unendliche Geschichte ...
1979 · Gefällt mir

 Verlag K. Thienemanns Das macht nichts, wir haben alle Zeit der Welt, Hauptsache, die Geschichte wird gut.
1979 · Gefällt mir

 Momo So ists richtig, einfach mal die Uhr abstellen!
1979 · Gefällt mir

Weltsensation: Hitlertagebücher gefunden!
Die Geschichte des Nationalsozialismus muss neu
geschrieben werden
1983 DER STERN

Gefällt mir · Kommentieren · Teilen

 Stern Die Geschichte des Nationalsozialismus muss
neu geschrieben werden!
1983 · Gefällt mir

 Konrad Kujau Wenn ihr da wieder Hilfe braucht ...
1983 · Gefällt mir

 Der Spiegel Pfft! Die Tagebücher sind doch so echt wie die
Brüste von Samantha Fox.
1983 · Gefällt mir

 Samantha Fox Hey, bei mir ist alles echt! Und wer ist
überhaupt dieser Hitler?
1983 · Gefällt mir

 Stern Ne Art Darth Vader mit Schnurrbart. Aber schon seit
fast 40 Jahren tot.
1983 · Gefällt mir

 Samantha Fox Und wie ist der gestorben?
1983 · Gefällt mir

 Stern Burn-out!
1983 · Gefällt mir.

Computer lösen den Füller ab: Mehr als die Hälfte aller Texte werden über die Tastatur am Computer mithilfe moderner Textverarbeitungssoftware erstellt!
1987 COMPUTER–BILD

👍 **Bill Gates** gefällt das · Kommentieren · Teilen

 Schreibmaschine Heul!
1987 · Gefällt mir

 Sehnenscheidenentzündung Hallöchen, ich starte jetzt voll durch!
1987 · Gefällt mir

 Dr. Eckart von Hirschhausen Tja, der liebe Gott hat wohl nicht an die Überlastung der Handgelenke durch Computermäuse und Tastaturen gedacht, als er den Menschen erschuf.
2002 · Gefällt mir

 Gott Ach, Leute, ihr müsst nur mal zusehen, dass ihr mit der Spracherkennungssoftware vorankommt ...
2002 · 👍 Siri gefällt das.

Empfohlener Beitrag   Gesponsert · Bearbeitet ·

Voltaren

Gefällt mir · Kommentieren · Teilen

Marcel Reich-Ranicki hat **Quartett** zu seinen Interessen hinzugefügt.
1988 · 👥

👍 Hellmuth Karasek, Sigrid Löffler und Jürgen Busche gefällt das.

Brockhaus-Verlag
Die 20. Auflage ist komplett und ab sofort für 4.990 DM erhältlich! Das gesamte Wissen der Welt in 24 Bänden – ein epochales Werk! 1999 · 🌐

Gefällt mir · Kommentieren · Teilen

Wikipedia LOL!
2001 · Gefällt mir

Eric Carle, Autor der kleinen Raupe Nimmersatt, erhält das Bundesverdienstkreuz
2001 DIE ZEIT

👍 Kinder dieser Welt und Reiner Calmund gefällt das · Kommentieren · Teilen

Reiner Calmund Ein wunderbares Buch, wenn ich ehrlich bin: Mein Lieblingsbuch!
2001 · Gefällt mir

Frauenschwarm Jamie Oliver macht Millionen
mit Kochbüchern und bekommt täglich Heiratsanträge
2008 BRAVO

Gefällt mir · Kommentieren · Teilen

Jamie Oliver Liebe geht eben durch den Magen 😜
👍 **Alien** und **Sigourney Weaver** gefällt das.

Pizzaservice Einmal Pizza Funghi für Mr. Oliver! 2008 · 🌐

Gefällt mir · Kommentieren · Teilen

Jamie Oliver Fuck! Psssst ...
👍 **Tim Mälzer** gefällt das.

Charlotte Roche In meinem Buch „Feuchtgebiete" geht es vor
allem um *********, *******, ******* und um *****! Gerade wenn
eine Frau ihre ****** mit einem ******* ********* ******, dann
ist meistens ein schwerer ******** ******* oder auch in der
******** mit ******* ***** **** und einem riesengroßen ********
******* ****** aufwacht!!! 2008 · 🌐

Gefällt mir · Kommentieren · Teilen

Facebook-Moderator Sorry ...
2008 · Gefällt mir

 E. L. James Also, mich hätts interessiert!
2008 · Gefällt mir

Der kleine Prinz erobert die Welt. Bereits über 80 Millionen verkaufte Exemplare!
2013 SPIEGEL ONLINE

👍 Kate Middleton gefällt das · Kommentieren · Teilen

 Boris Becker Kauft endlich meine Biografie, sonst schreibe ich noch eine! 2014 · 🌐

Gefällt mir · Kommentieren · Teilen

 Lukas Podolski Wer noch einmahl behauptät, ich hette meine Biografi nicht selba geschribn, der krigt sowas von aufs Maul, das die Brille flicht! 2014 · 🌐

Gefällt mir · Kommentieren · Teilen

Airbag, Apple, Anschnallgurt

Die Geschichte der
Erfindungen

Der erste funktionierende Schachcomputer wurde um das Jahr 1770 erfunden. Der „Schachtürke" war eine orientalisch gekleidete, menschengroße Puppe, erbaut vom ungarischen Tüftler Wolfgang von Kempelen. Sie saß vor einer Holzkiste mit einem Schachspiel darauf. *In* der Kiste hockte ein Mensch und bewegte mit Magneten die Figuren des Spiels. Friedrich der Große spielte gegen die Puppe und verlor. Kaiserin Maria Theresia spielte gegen die Puppe und verlor. Selbst Napoleon wurde nur zweiter Sieger – was er äußerst ungern war. Für die europäischen Adelshäuser blieb der „Schachtürke" über Jahre eines der größten ungelösten Rätsel seiner Zeit – bis Friedrich der Große die Holzkiste für eine horrende Summe erstand und sogleich enttäuscht in die Abstellkammer verbannte, als er die profane Lösung des Rätsels erfuhr. Seine Fantasien zum Inhalt der Kiste müssen bunt gewesen sein. Heute schmunzeln wir mitleidig über die Naivität der vergangenen Jahrhunderte. Doch Obacht! Können wir uns wirklich sicher sein, dass in IBMs riesigem Schachcomputer „Deep Blue" nicht auch ein irre schachbegabter Programmierer sitzt? Nachgeschaut hat zumindest noch keiner.

Ganz sicher sind wir uns hingegen: Ohne die Erfindungen *der letzten 500 Jahre* könnte die Menschheit heute gar nicht existieren. Keine moderne Medizin, keine leistungsfähige Feuerwehr, kein sauberes Wasser, keine Autos, Herzschrittmacher und Tischstaubsauger. Wie sähe ein Leben ohne sie aus? Wahrscheinlich apokalyptisch. Die Menschen würden sich innerhalb weniger Tage in hilflose Zivilisationszombies verwandeln, die auf der Suche nach Nahrung, Wasser und WLAN-Hotspots marodierend durch die Städte irren. Nur am Rande bemerkt: Interessanterweise schafft es die Menschheit im Moment sehr gut, ohne die Erfindungen *der nächsten 500 Jahre* zurechtzukommen. Und das gar nicht mal so schlecht.

Trotzdem ist es spannend, welche Erfindungen im Jahr 2514 das heutige Leben als uncool, menschenunwürdig und brutal aussehen lassen werden. Mit derartigen Prognosen haben sich Zukunftsforscher und andere Experten bisher noch immer blamiert. Unvergessen die Prognose von IBM aus dem Jahr 1943, der Weltmarkt werde nicht mehr als fünf Computer benötigen (abzüglich von „Deep Blue" also eigentlich nur noch vier). Und wegen Prognosen eben dieser Art wird die Zukunft für alle Zeiten vor allem eines bleiben: eine wunderbare Erfindung unserer Fantasie.

Singularität Laaaaaaaaaaaaaangweilig!!!
13 Milliarden Jahre v. Chr. · 🌐

Gefällt mir · Kommentieren · Teilen

Singularität Kennt jemand einen Witz?
13 Milliarden Jahre v. Chr. · Gefällt mir

Unendlichkeit Kommt ein Nullvektor zum Psychiater ...
13 Milliarden Jahre v. Chr. · Gefällt mir

Singularität Laaaaaaaaaaaaaangweilig!!!
13 Milliarden Jahre v. Chr. · Gefällt mir

Materie Ich hab was erfunden!
13 Milliarden Jahre v. Chr. · Gefällt mir

Singularität Jetzt kommt Bewegung in die Sache. Was isses denn?
13 Milliarden Jahre v. Chr. · Gefällt mir

Materie Ich nenne es „Ausdehnung des Universums"
13 Milliarden Jahre v. Chr. · 👍 Jean-Luc Picard gefällt das.

Materie hat eine neue Veranstaltung erstellt.
13 Milliarden Jahre v. Chr. · 🌐

📅 Teilnehmen

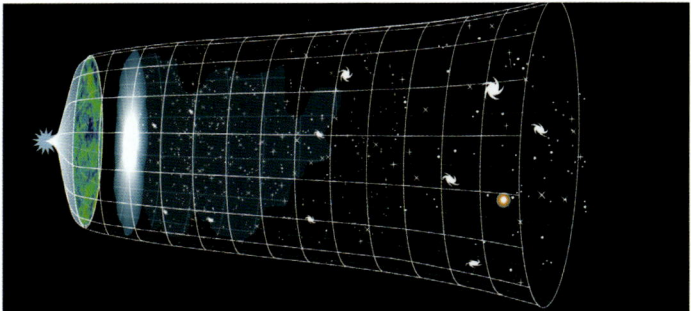

Ausdehnung des Universums
Raum und Zeit nehmen teil.

Gefällt mir · Kommentieren · Teilen

Neandertaler hat **Feuer** zu seinen Interessen hinzugefügt.
130.000 v. Chr. ·

Gefällt mir · Kommentieren · Teilen

Neandertaler Mann, is das ne Wurst! 130.000 v. Chr. ·

👍 Dieter Bohlen und Wiesenhof Bruzzzler gefällt das · Kommentieren · Teilen

Ägypter Wenn man flüssigen Brotteig zu lange in der
Sonne stehen lässt, fressen das die Kamele und kippen um.
3000 v. Chr. ·

Gefällt mir · Kommentieren · Teilen

Sumerer Wir nennen den flüssigen Brotteig Bier!
3000 v. Chr. · Gefällt mir

Ägypter Und eure Kamele kippen auch um?
3000 v. Chr. · Gefällt mir

Sumerer Nee, wir kippen um ...
3000 v. Chr. · Gefällt mir

Ägypter Immer?
3000 v. Chr. · Gefällt mir

Sumerer Nicht immer, aber immer öfter!
3000 v. Chr. · 👍 Clausthaler gefällt das.

Ägypter Krass.
3000 v. Chr. · Gefällt mir

Sumerer Übrigens: Wenn man vier Steinscheiben unter einem Karren anbringt, kann man damit ganze Bierfässer transportieren. 3000 v. Chr. · 🌐

Gefällt mir · Kommentieren · Teilen

Ägypter Pfff, das können wir auch. Wenn man zwei Kufen unter einem Karren anbringt, kann man damit sogar Steinblöcke ziehen. Man muss das Rad ja nicht immer wieder neu erfinden ...
3000 v. Chr. · Gefällt mir

Sumerer Wir haben jetzt auch die Schrift erfunden! LOL
3000 v. Chr. · 👍 Bild gefällt das.

Sumerer Und jetzt haben wir noch die Ziegelsteine erfunden!
3000 v. Chr. · 👍 Hornbach gefällt das.

Sumerer Und die künstliche Bewässerung!
2999 v. Chr. · 👍 Landwirtschaft gefällt das.

Sumerer Und die Waage!
2998 v. Chr. · 👍 Brigitte-Diät gefällt das.

Sumerer Und die Erzverarbeitung!
2997 v. Chr. · 👍 Stahlindustrie gefällt das.

Sumerer Und die Töpferscheibe!
2996 v. Chr. · 👍 Volkshochschule gefällt das.

Sumerer Und das Tonbrennen!
2995 v. Chr. · 👍 Volkshochschule gefällt das.

Sumerer Und das Töpfern!
2994 v. Chr. · 👍 Volkshochschule gefällt das.

Kai Pflaume Wir sind der Meinung: DAS WAR SPITZE!
2011 · 👍 Hans Rosenthal gefällt das.

Ägypter Streber.
2994 v. Chr. · Gefällt mir

Ägypter Wir müssen auch dringend etwas erfinden oder bauen! Irgendwas ganz Verrücktes und Absurdes, das kein anderer bauen würde. 2621 v. Chr. · 🌐

👍 Stuttgart 21 gefällt das · Kommentieren · Teilen

Ägypten hat eine Veranstaltung erstellt.
2620 v. Chr. · 🌐

 Teilnehmen

Pyramidenbau 214.523 Personen nehmen teil.

Gefällt mir · Kommentieren · Teilen

 Arbeiter Schwitz!
2620 v. Chr. · Gefällt mir

 Arbeiter Och nööö, echt jetzt mal. Bitte? Wiiiiiiee hoch soll das Ding werden? Das kann doch noch Jahre dauern.
2620 v. Chr. · Gefällt mir

 Pharao Los jetzt. Ihr habt die Ehre, an einem historischen Werk mitzuwirken! Da kommt es doch auf ein paar Jahre für so ein Großbauwerk nicht an.
2620 v. Chr. · Gefällt mir

 Klaus Wowereit Genau das sag ich auch immer!
2013 · Gefällt mir

 Babylonier *Wir* haben jetzt mal die Windmühle erfunden!
1750 v. Chr. · 🌐

👍 Claudia Roth und Nachhaltigkeit gefällt das · Kommentieren · Teilen

 Atomlobby Was soll denn der Quatsch?
1955 · 👍 Don Quijote gefällt das.

China Wir haben das Papier erfunden!
105 · 🌐

👍 Schere und Stein gefällt das · Kommentieren · Teilen

Brunnen WTF????
105 · Gefällt mir

Besserwisser ES GIBT IN DIESEM SPIEL KEINEN BRUNNEN!
105 · Gefällt mir

Kaiser von China Heißer Scheiß – dieses neue Porzellan ist echt der Brüller! 618 · 🌐

👍 Polterabend gefällt das · Kommentieren · Teilen

Meißen Wir brennen drauf!
1705 · 👍 Kitsch gefällt das.

Chinesische Alchemisten Das wird ein Knaller! 1044 · 🌐

👍 Silvester gefällt das · Kommentieren · Teilen

Johannes Gutenberg Ich habe das erste Buch der Menschheit gedruckt! 1450 · 🌐

👍 Billyregal gefällt das · Kommentieren · Teilen

Wissensgesellschaft Und was steht drin?
1450 · Gefällt mir

Johannes Gutenberg Och, irgendwas über Testamente ...
1450 · Gefällt mir

Empfohlener Beitrag   Gesponsert · Bearbeitet · 🌐

 👍 Seite gefällt mir

**Amazon: Gutenberg-Bibel – Gebraucht bei diesen Anbietern.
Ab 9,75 Millionen Euro**

Gefällt mir · Kommentieren · Teilen

 Leonardo da Vinci ▶ **Herzog von Padua** 1502 · 🌐
Und, funktioniert der Taucheranzug?

Gefällt mir · Kommentieren · Teilen

 Herzog von Padua Top-Erfinder. Gerne wieder!
1502 · Gefällt mir

 Leonardo da Vinci ▶ **Senat von Mailand** 1502 · 🌐
Und, wie gefällt das neue Aquädukt?

Gefällt mir · Kommentieren · Teilen

 Senator von Mailand Schnelle Lieferung – supernetter Kontakt!
1502 · Gefällt mir

Leonardo da Vinci ▶ **Doge von Venedig** 1502 · 🌐
Und, hält die neue Festungsanlage?

Gefällt mir · Kommentieren · Teilen

Doge von Venedig Alles prima, super gelaufen! Fünf Sterne.
1502 · 👍 **Fünf Sterne deluxe** gefällt das.

Leonardo da Vinci: Liebe Fürsten, Herzoge und Exzellenzen!
Bitte bezahlt die Rechnungen für die pünktlich gelieferten und
einwandfreien Erfindungen. Sonst muss ich wieder diese alber-
nen Porträts für adelige Gesichtsbaracken pinseln ... 1502 · 🌐

Gefällt mir · Kommentieren · Teilen

Lisa del Giocondo ▶ **Leonardo da Vinci** 1503 · 🌐
Mögt ihr ein Porträt von mir malen? Ich schiele allerdings ein
bisschen.

Gefällt mir · Kommentieren · Teilen

Leonardo da Vinci Gerne doch, Verehrteste. Und wegen des
Schielens: Am besten einfach immer lächeln!
1502 · Gefällt mir

Lisa del Giocondo Noch etwas, Meister: Das Gemälde ist für
unsere Privatgemächer vorgesehen. Könnten wir diesen Auftrag
bitte diskret behandeln? Das Bild soll später niemand mehr zu
sehen bekommen.
1502 · 👍 **Louvre** gefällt das.

Leonardo da Vinci Es wird Wagen geben, die von keinem Tier
gezogen werden und mit unglaublicher Gewalt daherfahren!
1503 · 🌐

Gefällt mir · Kommentieren · Teilen

ADAC Und es wird Wagen geben, die das nicht mehr tun. LOL
2014 · Gefällt mir

Lisa del Giocondo Habt ihr Männer denn nur Autos im Kopf?
Ihr wolltet mich doch malen, bald vergeht mir das Lächeln ...
1503 · Gefällt mir

Französischer Mönch Stößchen! 1670 · 🌐

Gefällt mir · Kommentieren · Teilen

 Französischer Abt Wie meinen?
1670 · Gefällt mir

 Französischer Mönch Wenn man Korken in die Weinpullen steckt und sie ein wenig schüttelt, dann wird nach einem Jahr ein gar prickelnd elegantes Getränk daraus!
1670 · Gefällt mir

 Harald Juhnke À votre sanitär! Dann mal her mit dem Nuttensprudel!!
1990 · Gefällt mir

 Mickie Krause Hackedicht ist Pflicht!
1999 · Gefällt mir

 Homer Simpson Auf den Alkohol – die Ursache und die Lösung aller Probleme!
2002 · 👍 Amy Winehouse gefällt das.

 Gottfried Wilhelm von Leibniz Habe gerade das binäre Zahlensystem erfunden! 1679 · 🌐

👍 1 und 0 gefällt das · Kommentieren · Teilen

 König Friedrich I Und was soll das?
1679 · Gefällt mir

 Gottfried Wilhelm von Leibniz Nur so ne Spielerei, nichts Weltbewegendes.
1679 · Gefällt mir

 Nerd 1 Abwarten ... LOL, ROFL, ROFLCOPTER, LMAO!!!!
1972 · Gefällt mir

 Nerd 2 Ne Spielerei????? Ey, Leibniz, DER Keks ist noch nicht gegessen.
1972 · 👍 Bahlsen gefällt das.

Steve Jobs

Chronik   **Info**   **Freunde**

Info

💼   Arbeitet als Gott

🏠   Wohnt in Palo Alto

📍   Aus San Francisco

Filme

Plötzlich Milliardär   E-Mail für Dich

The Matrix   Password Swordfish

Orte · 142

 Homestead High School, Cupertino

 Pixar

 Madame Tussauds

Fotos · 65

✓ **Freunde** ▾   ✓ **Nachricht**   Folgen   ⚙ ▾

Mehr ▾

„Gefällt mir"-Angaben · 13

iKocher

iPod

iMer

iSaac Newton

Eva

Jünger

Neueste Aktivitäten

Steve Jobs hat seinen Arbeitsplatz in **Garage** geändert.
Vor etwa 38 Jahren

Steve Jobs war hier:
New York Stock Exchange
Vor etwa 34 Jahren

Steve Jobs hat **Tablette** zu seinen Interessen hinzugefügt.
Vor etwa 5 Jahren

2.235.345 Personen nehmen an der Veranstaltung **iPhone Markteinführung** teil.

Bill Gates hat deinen Status kommentiert: „Ich pack mich weg. Da habt ihr bei eurem neuen Telefon doch glatt die Tasten vergessen. Das wäre ja nicht mal uns passiert."

Steve Jobs hat **Uhren** zu seinen Interessen hinzugefügt.

Steve Jobs hat einen Link geteilt. „Apple startet seinen neuen Kundenservice **iDontCare."**

  Siri   Mobil •

  Tim Cook   5h ▯

  Steve Wozniak   40 Min ▯

  Captain Crunch   Mobil •

  Barack Obama   Mobil •

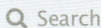 Search   ⚙ ✎

James Ayscough Sonnenbrille erfunden! 1740 · 🌐

👍 **Blues Brothers** und **Men in Black** gefällt das · Kommentieren · Teilen

James Watt Dampfmaschine erfunden! 1765 · 🌐

👍 **Industrialisierung** gefällt das · Kommentieren · Teilen

Pferd Na endlich!
1765 · Gefällt mir

Lokomotive Tuuut tuuut, hier bin ich! 1804 · 🌐

Gefällt mir · Kommentieren · Teilen

Nicolas Appert Konservendose erfunden! 1810 · 🌐

👍 **Andy Warhol** und **Wurfbudenbesitzer** gefällt das · Kommentieren · Teilen

Nürnberg ist jetzt mit **Fürth** befreundet. 7.12.1835 · 👥

👍 **Deutsche Eisenbahngewerkschaft** und **Jim Knopf** gefällt das · Kommentieren · Teilen

 Graham Bell Kein Schwein ruft mich an! 1874 · 🌐

Gefällt mir · Kommentieren · Teilen

 Thomas Alva Edison Es werde Licht! 1879 · 🌐

Gefällt mir · Kommentieren · Teilen

 Gott Eyo, das ist mein Spruch!
1879 · Gefällt mir

 Thomas Alva Edison Sorry, Alter, aber habe gerade die Glüh-birne erfunden. Tolles Ding, braucht nur jede Menge Energie.
1879 · 👎 **EU-Kommission** gefällt das überhaupt nicht.

 Carl Benz hat einen Link geteilt. 1885 · 🌐

Carl Benz präsentiert erstes Automobil
mit Motor von Nicolaus Otto
1885 BERLINER ZEITUNG

👍 **Shell** und **McDrive** gefällt das · Kommentieren · Teilen

 Carl Benz Otto? Find ich gut!
1885 · Gefällt mir

 Großfamilie Gibts den auch als Kombi?
1885 · Gefällt mir

Carl Benz Nichts ist unmöglich!
1885 · 👍 Toyota gefällt das.

 Pferd Ich bin dann mal weg!
1885 · 👍 Hape Kerkeling gefällt das.

 Antoine Henri Becquerel Hab gestern ein bisschen Atome gespalten und dabei jede Menge Energie freigesetzt. 1898 · 🌐

👍 Atomlobby und CDU gefällt das · Kommentieren · Teilen

 Steinkohle Das braucht doch kein Mensch.
1898 · 👍 Bergbaulobby und SPD gefällt das.

 Marie Curie Wie geil ist das denn!? Wir haben an der Sorbonne spontan ne Megaparty gefeiert, Pierre, mein Schatz, ist immer noch ganz verstrahlt!
1898 · Gefällt mir

 Karl Ludwig Nessler Ich könnt mich kringeln. Mit diesem Ding kann man haltbare Locken machen. So eine Art Dauerwelle.
1906 · 🌐

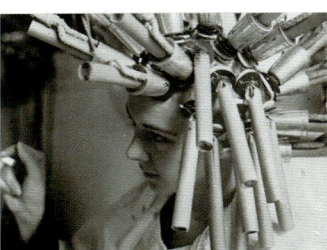

👍 Wolfgang Petry und Achtzigerjahre gefällt das · Kommentieren · Teilen

 Udo Walz Ich weiß nicht, ob das soooo eine tolle Idee war, wenn ich mir das hier so anschaue...

2012 · Gefällt mir

Titanic hat einen Link geteilt 2.4.1912 · 🌐

Britische Reederei baut erstes unsinkbares
Passagierschiff der Welt
1912 THE NEW YORK TIMES

👍 **Technikgläubigkeit** gefällt das · Kommentieren · Teilen

Titanic Alles einsteigen! Wir fragen uns nach New York durch.
2.4.1912 · Gefällt mir

Eisberg Uuups! 14.4.1912 · 🌐

Gefällt mir · Kommentieren · Teilen

Titanic Uuups?
15.4.1912 · Gefällt mir

Eisberg Sorry, ist nur ein Kratzer!
15.4.1912 · Gefällt mir

Titanic Echt?
15.4.1912 · Gefällt mir

Eisberg LOL!
15.4.1912 · Gefällt mir

Titanic Epic fail!
15.4.1912 · Gefällt mir

Titanic Sind zuuuuuufälligerweise Industrieschweißer,
Schiffsbauer, Schmiede, Ingenieure oder Apnoetaucher an Bord?
15.4.1912 · Gefällt mir

Titanic-Kapitän Alle Mann in die Rettungsboote! Dresscode: Dinnerjacket. 15.4.1912 · 🌐

👍 **1. Klasse** gefällt das · Kommentieren · Teilen

3. Klasse Und wo bleiben wir?
15.4.1912 · Gefällt mir

Titanic-Kapitän Die Schwimmwesten befinden sich unter Ihren Sitzen!
15.4.1912 · Gefällt mir

3. Klasse Ehrlich?
15.4.1912 · Gefällt mir

Titanic-Kapitän Ehrlich. Und im Falle eines Druckabfalls kommen Sauerstoffmasken aus den Kronleuchtern. LOL!
15.4.1912 · Gefällt mir

Titanic-Orchester Wir machen durch bis morgen früh, lalala!!
15.4.1912 · 🌐

👍 **1. Klasse** gefällt das · Kommentieren · Teilen

Blauwal Ich könnte schwören, ich hör Musik. Kommt immer näher. 15.4.1912 · 🌐

Gefällt mir · Kommentieren · Teilen

Titanic ist jetzt hier: **Meeresgrund.** 15.4.1912 · 🌐

👍 **Eisberg** gefällt das · Kommentieren · Teilen

Technikgläubigkeit hat ihren Profilnamen in **Zu Hause ist es doch am schönsten** geändert. 15.4.1912 · 🌐

Gefällt mir · Kommentieren · Teilen

 Der Fernseher ... läuft! 1924 · 🌐

👍 Forrest Gump gefällt das · Kommentieren · Teilen

 Freies Denken Augen zu und durch!
1924 · Gefällt mir

 Fernsehzuschauer Geil!
1924 · Gefällt mir

 GEZ Das macht dann 12,17 Euro pro Monat.
2002 · Gefällt mir

 Fernsehzuschauer Mist!
2002 · Gefällt mir

 Knabberkram ist jetzt mit **Feierabend** befreundet. 1924 · 👥

Gefällt mir · Kommentieren · Teilen

 **Albert Hofmann** Lysergsäurediethylamid synthetisiert – Juhu! Aber keine Ahnung, wozu das gut sein soll. 1938 · 🌐

Gefällt mir · Kommentieren · Teilen

 Timothy Leary Probieren geht über studieren!
1943 · Gefällt mir

 Albert Hofmann Überredet, werd mal eine minimale Menge von diesem LSD einnehmen.
1943 · 👍 Aldous Huxley und Loveparade gefällt das.

Albert Hofmann ist jetzt hier: #ɜɥ ӿ3 ӕ4°&3©™ċ
1,41585+456 v. o. n. Chr. · 🌐

Gefällt mir · Kommentieren · Teilen

Albert Hofmann Geil, ich sehe lila Wolken!!
3©™ċ · 👍 Marteria gefällt das.

Gordon Gould Wooaahhh! Was ne geile Erfindung. Mit so nem Laser kann man echt krasse Sachen anstellen. 1957 · 🌐

Gefällt mir · Kommentieren · Teilen

George Lucas Ja. Zum Beispiel könnte man damit Hauptdarsteller einer Weltraumsaga mit Laserschwertern ausstatten, die dann wie die Ritter der Weltraumtafelrunde intergalaktische Kriege führen, das Gute siegen lassen, das Böse bezwingen und mich zum reichsten Filmproduzenten aller Zeiten machen.
1967 · Gefällt mir

Gordon Gould Hey George, für Halluzinationen und sonstige Wahnvorstellungen ist der Albert Hofmann über uns zuständig.
1967 · Gefällt mir

George Lucas Man wird doch noch träumen dürfen.
1967 · 👍 Sigmund Freud gefällt das.

Taschenmesser ist jetzt mit **Schere, Feile, Korkenzieher** und **24 anderen** befreundet. 1961 ·

Gefällt mir · Kommentieren · Teilen

 Taschenmesser hat seinen Profilnamen in **Schweizer Messer** geändert. 1961 ·

Gefällt mir · Kommentieren · Teilen

 Pfadfinder Genial. Und wer hats erfunden?
1961 · Gefällt mir

 Schweiz Wir!
1961 · 👍 Ricola gefällt das.

Patentamt will die Luftgitarre nicht als Erfindung zulassen
Anwalt droht: „Jetzt ziehen wir neue Saiten auf!"
1967 SAN FRANCISCO CHRONICLE

Gefällt mir · Kommentieren · Teilen

 @-Zeichen Bin da! Schreibt mir … 1971 ·

Gefällt mir · Kommentieren · Teilen

Klammeraffe Hey!! Mich gibt es wirklich. Echt jetzt!
1971 · Gefällt mir

Nutzloses Wissen In Tschechien sagen sie „Rollmops" zu dir.
1971 · Gefällt mir

Helmut Schmidt hat einen Link geteilt. 1973 · 🌐

Bundesregierung erfindet autofreien Sonntag wegen Ölkrise
1973 BONNER GENERALANZEIGER

👍 **Atomkraft** und **Die Grünen** gefällt das · Kommentieren · Teilen

DDR Volle Gönne. Wir fahren hier schon seit Jahren nur mit Frittenfett!
1973 · Gefällt mir

Otto Waalkes Andere Länder, andere Fritten!
1973 · Gefällt mir

ADAC Ihr Sünder! Wir trauern. Autofahren ist Christenpflicht!
1973 · Gefällt mir

Mickie Krause Stimmt. Stand schon in der Bibel: „Sie sündigten in einem Ford." LOL
2005 · Gefällt mir

ADAC nimmt an **Rudolf-Diesel-Gedenkminute** teil.
1973 · 👥

Gefällt mir · Kommentieren · Teilen

Vint Cerf hat einen Link geteilt. 1973 · 🌐

Revolution im Informationsaustausch

Amerikanischer Informatiker Vint Cerf erfindet eine Sprache, mit der Computer zu einem Netzwerk verbunden werden können

1973 THE BOSTON GLOBE

Gefällt mir · Kommentieren · Teilen

 Printmedien Was soll das denn werden, wenns fertig ist?
1973 · Gefällt mir

 Vint Cerf Ich habe gerade ein „Internet" erfunden.
1973 · Gefällt mir

 Printmedien Und wie oft im Monat soll das erscheinen? Gibts das auch als Abo?
1973 · Gefällt mir

 Internet LOL! Da bin ich!
1973 · Gefällt mir

 Internet Und ich werde mich ständig weiterentwickeln, für Frieden und Fortschritt sorgen, absolute Informationsfreiheit garantieren. Ich werde einen Film machen, in dem die Indianer gewinnen. Ich werde die Kultur des Zusammenlebens, der Kommunikation und des Austauschs von Waren revolutionieren. Ich beeinflusse nicht die Zukunft der Menschheit, ich BIN die Zukunft der Menschheit. Ich werde den Menschen Dinge bieten, die sie lieben werden.
1973 · Gefällt mir

 Printmedien Etwa auch Katzenvideos?
1973 · Gefällt mir

Internet *Vor allem* Katzenvideos!
1973 · Gefällt mir

 Printmedien Mist. Wir können einpacken …
1973 · Gefällt mir

 Steve Jobs hat seinen Arbeitsplatz in **Garage** geändert.
1976 · 👥

Gefällt mir · Kommentieren · Teilen

 Walkman Völker, hört ihr die Signale? Ich bringe der Jugend der Welt das tragbare Musikerlebnis. 1979 · 🌐

Gefällt mir · Kommentieren · Teilen

 DDR-Jugend Sehr witzig. Hier ist alles Platte.
1979 · Gefällt mir

 Walkman Oh nein! Mr. Gorbatschow! Tear down this wall!
1979 · 👍 Ronald Reagan gefällt das.

 Kopfzerbrechen ist jetzt mit **Zauberwürfel** befreundet.
1981 · 👥

Gefällt mir · Kommentieren · Teilen

 Bill Gates wurde auf einem Foto markiert. 1981 · 👥

Mensch, sooo schlecht sehe ich doch gar nicht aus!

Gefällt mir · Kommentieren · Teilen

Steve Jobs Nööö, mit einem Sack über dem Kopf gehts.
1981 · Gefällt mir

Airbag hat einen Link geteilt. 1981 · 🌐

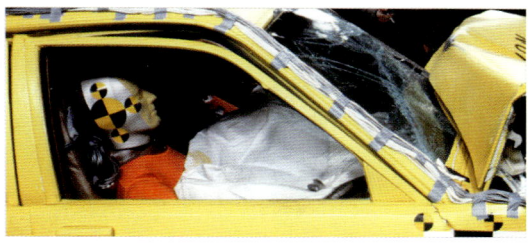

Mercedes S-Klasse ist das erste deutsche Auto mit Airbag
1981 AUTO-MAGAZIN

👍 Crashtest-Dummy und Crash Test Dummies gefällt das.

Airbag ▶ **Anschnallgurt** 1981 · 🌐
Da schnallste ab, was?

Gefällt mir · Kommentieren · Teilen

Anschnallgurt Jetzt blas dich mal nicht so auf!
1981 · Gefällt mir

Motorola hat einen Link geteilt. 1983 · 🌐

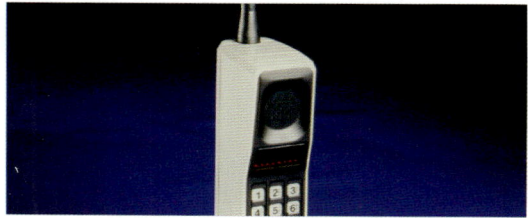

Sensation: Tragbares Telefon auf dem Markt
Gewicht nur 1 Kilo, Preis unter 4.000 DM
1983 PC-WELT

Gefällt mir · Kommentieren · Teilen

Telefonzelle Und wenns regnet?
1983 · Gefällt mir

 Festnetz LMAO!!!! Ein tragbares Telefon, ich pack mich weg. Was kommt als Nächstes – ein tragbares Internet?
1983 · 👍 Steve Jobs gefällt das.

 Fernsehzuschauer ist jetzt mit **Kabelfernsehen** verheiratet.
1989 · 🌐

👍 Ewige Liebe gefällt das · Kommentieren · Teilen

 Brigitte Robert Atkins erfindet Low-Carb-Diät. Keine Kohlenhydrate – viel Fleisch! 1990 · 🌐

👍 Weber Grill und Reiner Calmund gefällt das · Kommentieren · Teilen

 Brigitte Also, Mädels: Ran an die Buletten und schon purzeln die Pfunde!
1990 · Gefällt mir

 Vegetarierbund Und was ist mit den Tieren? Die Armen!! Atkins ist was für Riesenärsche, übrigens!
1990 · Gefällt mir

 Jennifer Lopez Ich versteh das Problem irgendwie nicht.
1990 · Gefällt mir

 Mercedes A-Klasse. Och menno! In scharfen Kurven bin ich ständig am Umkippen. 1997 · 👥

👍 Sack Reis gefällt das · Kommentieren · Teilen

 Daimler Benz Ist ja gut. Wir haben jetzt ein elektronisches Stabilitätsprogramm für dich erfunden. Das wird deutsche Autos wieder zu den sichersten Autos der Welt machen. Ab jetzt ist Schluss mit Kippen!
1997 · 👍 Elchtest gefällt das.

 Helmut Schmidt Schluss mit Kippen???
1997 · Gefällt mir

Schiefer Turm von Pisa Vielleicht schaut ihr auch mal bei mir vorbei. Nur so zur Sicherheit. Meine italienischen Freunde nehmen das hier alles nicht so genau – die ganze Sache mit der Sicherheit.
1997 · Gefällt mir

Costa Concordia Oh, Mann. Ich weiß, was du meinst ...
2014 · Gefällt mir

X

Generation X hat eine neue Gruppe erstellt. 2000 · 🌐

Gruppe beitreten

Überflüssige Erfindungen der Neunzigerjahre

Gefällt mir · Kommentieren · Teilen

Urzeitkrebse Wir sind dabei!
2000 · Gefällt mir

Tamagotchi Piep!
2000 · Gefällt mir

Diddl-Maus Ist noch Platz?
2000 · Gefällt mir

Furzkissen Setz dich ruhig! LOL
2000 · Gefällt mir

Arschgeweih Danke, ich steh lieber.
2000 · Gefällt mir

 Diskette Was heißt hier „überflüssige Erfindungen"?
Mich wird es auch in 100 Jahren noch geben.
2000 · Gefällt mir

 Walkman Das Gefühl kenn ich ...
2000 · 👍 Tyrannosaurus Rex gefällt das.

 Millennium-Bug Ich bin auch eine Erfindung!
1.1.2000 · 👥

👍 Atlantis und Mein Freund Harvey gefällt das · Kommentieren · Teilen

 Web 2.0 Wer hat *mich* eigentlich erfunden? 2003 · 🌐

Gefällt mir · Kommentieren · Teilen

Social Media Na, wir alle.
2003 · Gefällt mir

 Web 2.0 Und was soll ich jetzt mit den ganzen Daten?
2003 · Gefällt mir

 Google Kannste mir geben!
2003 · Gefällt mir

Cloud Du kannst auch bei mir wohnen!
2003 · Gefällt mir

 Mark Zuckerberg ist jetzt mit **2 Milliarden** befreundet.
2004 · 👥

Gefällt mir · Kommentieren · Teilen

 Kim Il-sung Auch mit mir?
2013 · Gefällt mir

 A. H. Vergiss es, Kim. Als rechtschaffener Diktator hat man es bei Facebook schwer.
2013 · 👍 Freie Welt gefällt das.

 K. J. So besser?
2013 · 👍 A. H. gefällt das.

 Mark Zuckerberg Ich krieg das hier alles mit. Wenn ihr euch danebenbenehmt, fliegt ihr hier raus. Ich habe Facebook doch nicht für so kranke Typen wie euch erfunden!
2013 · Gefällt mir

 A. H. Und für wen denn dann?
2013 · Gefällt mir

 Mark Zuckerberg Für alle Menschen, die in freiheitlicher Selbstbestimmung ihre Gedanken, ihre Gefühle, ihr Wissen und ihre Ideen teilen möchten. Das steht zumindest auf dem Zettel, den ich gerade von meiner Pressesprecherin bekommen habe.
2013 · Gefällt mir

 Steve Jobs ist jetzt hier: **iCloud.** 5.10.2011 · 🌐

Gefällt mir · Kommentieren · Teilen

 Steve Jobs ▶ **Gott** 5.10.2011 · 🌐
Tja, Alter, auch ein Gott ist eben sterblich.

Gefällt mir · Kommentieren · Teilen

 Gott Und der Apfel war übrigens meine Idee!
5.10.2011 · 👎 Adam und Eva gefällt das nicht.

#Schluss

Achtung, liebe Leute! Ihr verlasst jetzt die Fantasiewelt dieses Buches. Noch zweimal blättern, dann ist dieses Werk zu Ende. Das ist natürlich schade, aber das Gute ist: Die Geschichte geht weiter und allein in der Zeit, in der ihr dieses Buch gelesen habt, ist schon wieder einiges passiert da draußen.

Es gibt kein richtiges Leben im falschen, sagte schon Adorno, und ihr geht jetzt mal hübsch wieder online. Weiß der Teufel, was in den letzten drei Stunden alles so los war. Womöglich stellt sich heraus, dass der demenzkranke Hamster eurer Nachbarin entlaufen und mittlerweile wohlbehalten zurückgekehrt ist! Und gar nicht auszudenken, was gerade so an E-Mails in eurem Spamordner vergammelt. Prof. Dr. Humbatata aus Lunga-Tunga wartet DRINGEND auf eure Antwort wegen der Überweisung von 35 Zilliarden US-Dollar auf euer Konto.

Den Mann wollen wir doch nicht warten lassen.

BILDNACHWEISE

Wir bedanken uns bei der dpa Picture-Alliance GmbH für ihre Unterstützung. Alle Bilder mit Ausnahme der unten angeführten wurden bereitgestellt von der dpa Picture-Alliance GmbH.

pa•picture alliance

BUNDESARCHIV: 157 BUNDESARCHIV BILD 102-08896. FOTOLIA: 2,10. ISTOCKPHOTO: 22, 31, 37, 50, 66, 70, 106, 126, 149. SHUTTERSTOCK: 16, 98, 104, 110, 114. WIKIMEDIA COMMONS: 67, 68, 69, 70 (2X), 71, 72 (2X), 120, 121,122, 124, 125, 127, 128 (2X), 133, 150, 152, 154, 155 (2X), 156 (3X), 157.

DIE AUTOREN

Jan Anderson, geboren 1974 in Schleswig-Holstein, arbeitete zunächst im elterlichen Fischereibetrieb. Er studierte Kommunikationswissenschaften in Helsinki; heute lebt und arbeitet er als Autor in Dithmarschen.

Christian Koch wurde 1972 geboren. Sein erfolgreich abgebrochenes Biologiestudium führte ihn direkt in die Kommunikationsbranche, in der er als Werbetexter, Grafiker und Autor arbeitet – und das gerne.

IMPRESSUM

Edel Books
Ein Verlag der Edel Germany GmbH

Copyright © 2014 Edel Germany GmbH
Neumühlen 17, 22763 Hamburg
www.edel.com
1. Auflage 2014

Projektkoordination: Nina Schnackenbeck
Text: Jan Anderson, Christian Koch
Bildredaktion, Layout und Satz: Christian Koch
Umschlaggestaltung: Miriam Kunisch, Groothuis.
Gesellschaft der Ideen und Passionen mbH
www.groothuis.de
Druck und Bindung: optimal media GmbH,
Glienholzweg 7, 17207 Röbel / Müritz

Dieses Buchprojekt wurde vermittelt durch die Arrowsmith Agency, Hamburg.

Printed in Germany

ISBN 978-3-8419-0316-7